Regine Theresia Putz

Wie die geistige Welt mich gerufen hat

Regine Theresia Putz

Wie die geistige Welt mich gerufen hat

Mein Weg zur sensitiv-medialen Energetikerin

Trainerverlag

Imprint

Any brand names and product names mentioned in this book are subject to trademark, brand or patent protection and are trademarks or registered trademarks of their respective holders. The use of brand names, product names, common names, trade names, product descriptions etc. even without a particular marking in this work is in no way to be construed to mean that such names may be regarded as unrestricted in respect of trademark and brand protection legislation and could thus be used by anyone.

Cover image: www.ingimage.com

Publisher:
Der Trainerverlag
is a trademark of
Dodo Books Indian Ocean Ltd. and OmniScriptum S.R.L publishing group

120 High Road, East Finchley, London, N2 9ED, United Kingdom
Str. Armeneasca 28/1, office 1, Chisinau MD-2012, Republic of Moldova, Europe
Printed at: see last page
ISBN: 978-620-0-77107-0

Inhaltsverzeichnis

Widmung

Ich danke meiner Familie, meinem Mann Anton,
meinen Kindern Michael und Sarah, dass ihr euch entschieden habt,
gemeinsam mit mir diesen Erden-Weg zu gehen!

Wenn ich zurück im Himmel einmal gefragt werde,
was in meinem Leben das Beste war,
dann antworte ich, das ward IHR.
Danke für euer DASEIN!

Dieses Buch ist meiner Mutter, meinem Vater
und meinem Bruder in der jenseitigen, geistigen Welt gewidmet.
Danke, dass ihr immer voller Liebe an meiner Seite ward
und immer noch seid.

In schöner Erinnerung an Daniel, den Verlobten meiner Tochter,
der viel zu früh durch eine schwere Erkrankung mit 31 Lebensjahren
im April 2023 für immer von uns gegangen ist.

Die Autorin

Seit 2007 arbeitet Regine T. Putz erfolgreich in ihrer Praxis für feinstoffliche Körperarbeit und Medialität. Durch verschiedene Erinnerungen und den Glauben an frühere Leben, sowie die Existenz der geistigen Welt führten Regine T. Putz im Laufe ihres Lebens so immer mehr auf ihren spirituellen Weg. Sie ließ sich jahrelang in verschiedenen Techniken der feinstofflichen Energiearbeit ausbilden und perfektionieren, erlernte die spirituelle Reinkarnationsarbeit, Handauflegen – die Kunst des Besprechens, wurde Reiki-Meister und -Lehrerin, besuchte Seminare in Hypnose, Blütenessenzen nach Dr. Bach, absolvierte eine Vielzahl von medialen Wochen bei internationalen und namhaften Medien um regelmäßig ihre Sensitivität und Medialität sowie Trance-Healing zu schulen. Als Humanenergetikerin und Dipl. Kräuterpädagogin gab sie von Beginn an in Seminaren und Übungsgruppen ihr Wissen weiter und entwickelte über die Jahre hinweg so ihre eigene Art der Energiearbeit. Ein besonderes Anliegen ist ihr die geistige-jenseitige Welt, dass es ein Weiterleben nach dem physischen Tod gibt und die Begleitung von Schutzengeln, Geist- und Seelenführern ganz alltäglich ist. Dieses Buch enthält auch einfache Übungen, Segnungen und Gebete.

Info: www.energetik-regine-putz.at

Haftungsausschluss

Die Ratschläge in diesem Buch wurden nach bestem Wissen und Gewissen erstellt. Sie stellen jedoch keinen Ersatz für eine medizinischen Behandlung dar, sondern dienen der Unterstützung und Anregung der Selbstheilungskräfte. Alle Angaben in diesem Buch erfolgen daher ohne Gewährleistung oder Garantie seitens der Autorin oder des Verlages.

Eine Haftung der Autorin bzw. des Verlages für Personen-, Sach- und Vermögensschäden ist daher dezidiert ausgeschlossen.

Es war einmal

Erinnerungen an meinen Himmel

Rundherum endlose Weite. Stille und dennoch Lebendigkeit. Eine endlose Unendlichkeit, eingebettet in den schönsten Blautönen die ich jemals gesehen habe. Seit ich denken kann, begleitet mich diese reale und klare Erinnerung bereits mein ganzes Leben.

Mein blauer Himmel, den Ort wie ich ihn nenne und von dem ich euch kurz erzählen möchte, war durchwoben mit dem Gefühl von Geborgenheit und Zuhause sein. Es war ein Ort, wo ich eine tiefe Stille wahrnahm, mit einem stabilen und zentrierten Gefühl des „Ich existiere – Ich bin".

Hier gibt es nur die Gegenwart, das Jetzt. Ein Gefühl von Ewigkeit und Zeitlosigkeit. Es ist anders, wie wir es hier auf Erden kennen. Im irdischen Leben sind wir natürlich auch mit unserer Gegenwart im Hier und Jetzt, können uns durch unsere Gedanken in die Vergangenheit denken, die aber längst vorbei ist oder uns die Zukunft vorstellen, die aber erst irgendwann passieren wird. Aber dennoch sind wir von dieser Zeit räumlich getrennt.

Dort aber in dieser Ewigkeit, die ich meine, reicht ein „Gedanke" und man befindet sich real, gegenwärtig und augenblicklich mit seinem ganzen Sein, sozusagen dort, wo man sich gerade hindenkt.

Dort war ich immer begleitet mit dem Gefühl, niemals alleine zu sein. Wenn ich dort eine Frage stellte, gab es eine lichtvolle Präsenz, die zu mir sprach, liebevoll aber bestimmt. Ich sprach mit ihr über meine Gedanken und Gefühle und dennoch habe ich die Tonlage dieser Stimme niemals wirklich vergessen und sie war mir stets vertraut. Wenn ich nur daran dachte, klang sie in meinem Kopf. Sie gab mir ein Gefühl von Geborgenheit und Getragen werden und ich spürte, hier wirklich „Zuhause" zu sein.

In diesem Himmel, eingehüllt in den verschiedensten, tiefsten Blautönen, werden uns vor unserem Erdenleben einige Abschnitte unseres weiteren Weges gezeigt. Unsere Eltern und der Ort, wo wir geboren werden, Geschwister, ob wir welche haben werden, Seelenverwandte die wir im Laufe unseres Lebens kennenlernen und begegnen werden. Wenn über solche Dinge gesprochen wird, schaut es in meiner Erinnerung in dieser Sphäre so aus, als ob ein Loch oder ein Tunnel entstehen würde, durch das man dann Szenen von der Familie, der Erde und unseres Erdenweges erblicken kann. Eigentlich wie ein riesengroßes Fernrohr. Gewisse Erlebnisse kann man sich aussuchen, man hat verschiedene Möglichkeiten um eventuell auch selbst zu wählen, viele stehen ganz genau fest, einige sind so unwichtig, dass man diesen Abschnitten keine Beachtung gibt. Sogar, dass man die Möglichkeit hat, seine Reise auf Erden frühzeitig abzubrechen um hierher zurückzukehren. Es passiert dann „zu-fällig" ein Unfall oder wir erleiden eine lebensbedrohliche Krankheit. Natürlich können wir uns daran nicht mehr erinnern, aber vorher wird all das genau abgesprochen. Wir gehen in ein Leben, das wir selbst gewählt haben.

Ich weiß noch gut, dass mir auch eine Zahl genannt wurde, entweder in Menschenjahren, wo ich gehen könnte oder werde, oder etwas sehr Einschneidendes passieren würde. Aber auch, dass mir in dieser Lebensspanne Jemand oder Wichtiges geschickt wird, um mich ein Stück meines Weges zu begleiten, der mir auf meiner Seelenebene nicht fremd sein sollte. Ich weiß noch ganz genau, dass diese Botschaft ein Trost für mich war, denn in meiner Erinnerung war es, seit ich denken kann, immer so verhaftet, so als ob ich diese Reise auf Erden nicht gerne antreten wollte. War es doch in dieser wunderbaren, endlosen Energie und Zeit, die ohne Begrenzungen zu sein schien, viel schöner.

Und ich fragte mich, was würde ich wohl so lange da unten machen, bis der Zeitpunkt gekommen war, der mir gezeigt wurde und was sollte dann wirklich passieren. Genau das ist in meiner Erinnerung etwa getrübt. Aber an vieles von diesen Gesprächen mit dieser Lichtpräsenz, kann ich mich seit jeher genauestens erinnern. Aber niemals, auch bis heute nicht, habe ich diese Unterhaltung vergessen. Es kam mir von dort aus gesehen so vor, wie eine Art Schlaf, eine unreale Zeit, in die ich gehen sollte. Ein mir von der Lichtpräsenz genannter Zeitpunkt, der mich in irgendeiner Weise von dieser unrealen Zeit des Erdenlebens befreien würde, war mir ebenfalls stets in Erinnerung.

Daran konnte ich mich auch seit meiner frühesten Kindheit erinnern. Ich wusste noch, dass ich diese Präsenz fragte, wie lange ich auf der Erde bleiben müsste und es wurde mir ein Zeitrahmen oder Zeitpunkt genannt, wo sich etwas Grundlegendes und Wichtiges in meinem Leben verändern könnte oder ich könnte in einer gewissen Lebensspanne, die mir deutlich gezeigt wurde, auch hierher zurück kommen. Es war eine Lebenszahl Mitte Dreißig. Damals war das für mich sogar eine Art „Hoffnung".

In meiner Kindheit fiel mir diese Erinnerung oft ein, aber es kam mir damals uralt vor und so weit entfernt in der Zukunft, dass es sich nicht einmal lohnte, darüber nachzudenken. Heute weiß ich, dass es sich bei mir um eine Art „Todespunkt" gehandelt hat, ein toter Punkt im Leben, der eine enorme Veränderung und Transformation herbeiführen kann. Aber auch eine Zeitspanne, wo wir wirklich wie durch eine Art Tor oder Portal, dieses Leben und diesen Planeten verlassen können. Ich glaube heute, dass dies unser höheres Bewusstsein entscheidet, mit unseren niederen menschlichen Bewusstseinsebenen, ob sie im Leben in Einklang kommen oder getrennt voneinander existieren.

In meiner Arbeit begegneten mir schon viele Menschen, besonders in meinen Kursen und Seminaren, die plötzlich im Leben wussten, sie müssten gravierend etwas ändern, ansonsten wäre ihr Dasein schicksalshaft vorbei.

Bei den meisten konnte ich über die Jahre hinweg beobachten, dass sie eine Zeitspanne durchmachten, in der sie vollkommen ihr Leben auf den Kopf stellten, freiwillig oder gezwungen durch Scheidungen, plötzliche Schicksalsschläge, oder berufliche und finanzielle Probleme. Eine Zeitspanne des Umbruchs und der Transformation. Ich glaube, dass viele Menschen im Leben schicksalshaft ihren sogenannten Todespunkt haben. Eine Zeitspanne oder ein wichtiger Lebensabschnitt gehen vorbei.

Bei meinen Aurareadings, Channelings und medialen Botschaften sehe ich bei meinen Klienten in der Vergangenheit Portale oder Tore, wo ihre Geistseele dieses Leben verlassen hätte können. Ich glaube, dass unser Höheres Selbst mit einem höheren Bewusstsein der geistigen Welt, sei es unser Geistführer oder Schutzengel, oder aber auch die göttliche Quelle Zeitpunkte festlegen, wo wir die Erde unbewusst durch einen Tod, wie Erkrankung und Unfälle, verlassen können. So kann man diese schicksalshaften Ereignisse der Vergangenheit durch die Botschaften der geistigen Welt auch im Nachhinein beweisen.

Einmal hatte ich einen älteren Mann um die Siebzig in meiner Praxis, um Botschaften aus der geistigen Welt zu erhalten.

Ich erzählte ihm von seinem Schutzengel, beantwortete ihm Fragen, die er an die geistige Welt hatte und als wir fertig waren, fragte ich wie immer die geistige Welt, ob sie noch eine wichtige Botschaft für diesen Mann hätten. Dann kam die Antwort: „Sage ihm, er darf vertrauen, dass er einen Schutzengel hat und als Beweis sage ihm, dass er schon zweimal in seinem Leben großes Glück hatte und um Haaresbreite dem Tod entronnen sei. Zwei Möglichkeiten hätte es gegeben, wo er wieder zu uns in die geistige Welt heimkehren hätte können, aber die Liebe zum Leben, seine beruflichen Ziele noch nicht ganz erreicht zu haben und die starke Liebe zu seiner Frau, entschied sich sein höheres Bewusstsein, zu überleben und zu bleiben." Ich sah auch eine Art Unfall und eine körperliche Disharmonie in seiner Aura im Bauchraum. Nach dieser Botschaft hatte der Mann Tränen in den Augen und er bestätigte mir, dass all das richtig sei. Er erzählte mir von einer schwerwiegenden Erkrankung im Bauchraum und einem Unfall, den er nur knapp überlebte. Für mich sind das immer wieder Beweise über die Existenz der geistigen Welt.

In meinen damaligen Erinnerungen, trage ich auch noch ein unerklärliches Gefühl in mir, dass ich „da Unten" bereits genug gesehen hätte. Und wie könnte ich „da Unten" so lange ausharren und warten, bis ich diese Zeit erreicht hätte und was würde dann wirklich mit mir passieren? An Vieles von diesen Gesprächen mit der Lichtpräsenz, kann ich mich seit jeher genauestens erinnern. Ich stellte dort die Frage „hierbleiben zu dürfen" und wusste automatisch, dass ich in dieser Ebene einen Bruder hätte. Dort und damals wollte ich auf ihn aufpassen und für ihn da sein. Ich sah es als eine Chance, von hier nicht weggehen zu müssen. Ich konnte ihn nicht sehen, aber er war in einer Art Raum neben mir, getrennt wie durch einen unsichtbaren Schleier. Diese Bitte zu bleiben wurde mir aber verwehrt. „Es ist nicht deine Aufgabe, für deinen Bruder ist gesorgt", sprach die Lichtpräsenz zu mir.

So gab es für mich kein Zurück mehr und irgendwie ging meine Reise los. Von da an gibt es an diese Zeit keine Erinnerung mehr. Ich fiel in ein Gefühl des Vergessens und alles geschah ohne mein Zutun ganz alleine.

Sommeranfang – mein Erdenleben beginnt

Ich war das dritte Kind meiner Eltern und kam einige Wochen zu früh, genau am 21. Juni zur Sommersonnenwende, wo auf unserer Nordhalbkugel die Sonne die größte Mittagshöhe über dem Horizont erreicht, zur Welt. Das erste Kind meiner Eltern, ein Junge, wurde 14 Jahre vor mir geboren und verstarb bereits einige Wochen nach seiner Geburt.

Mein zweiter Bruder war bereits 13 Jahre älter als ich. Die ersten Jahre meines Lebens konnte ich mich noch gut daran erinnern, wie wir immer zu diesem kleinen Kindergrab hinfuhren und meine Mutter erzählte mir immer, wo mein Bruder war, nämlich im Himmel. Ich fragte nach, wo oder was der Himmel wohl sei, bekam für mich aber nie eine zufriedenstellende Antwort. Denn ihre Erzählungen passten nicht zu meiner Erinnerung.

Einmal fragte ich sie auch, ob das mit dem Himmel wohl über den Wolken wäre und sie bestätigte es mir, wahrscheinlich damit sie ihre Ruhe hatte und ungestört ihre Arbeit am Grabe verrichten konnten. Meine Mutter erzählte mir, dass mein Bruder dort oben auf den Wolken sei, im Himmel bei den Engeln. Dann tat ich so, als ob ich spielen würde und schaute ganz schnell zu den Wolken hinauf, ob ich ihn denn erspähen könnte. Wollte ich doch wissen, wie mein Bruder ausschaut oder ob er jetzt ein Engel wäre. Leider schaffte ich es nie, ihn dort oben zu erblicken. Wusste ich doch, dass „mein Himmel" ganz woanders ist und sich mein Bruder genau dort befindet, wo jetzt sein Platz ist. Damals verstand ich es nicht und ich fragte mich, warum das auch niemand fühlte. Instinktiv wusste ich auch, dass ich es niemanden erzählen konnte, wenn schon das mit dem „kleinen Engelbruder" und das „Wohnen auf den Wolken" nicht stimmten. Sie würden es sowieso nicht verstehen.

Oft fragte ich mich als Kind selbst, seit wann diese Erinnerung oder dieses Erlebnis bei mir waren. Aber ich kann mich nicht daran erinnern, dass es je eine Zeit gegeben hätte, wo es nicht real in meinem Bewusstsein, in meinem Kopf mit diesen Bildern, in meinen Ohren mit dieser Stimme oder in meinem Gefühl mit dieser blau durchwobenen Seinsebene gewesen wäre. Ich fand keine logische Erklärung dafür, aber heute glaube ich, dass mir meine irdische Familie schon vor meiner jetzigen Inkarnation gezeigt wurde und es daher für mich von Anfang an klar war, dass der vor meiner Geburt verstorbene Bruder, bereits von seiner

Erdenreise zurückgekehrt sein musste und ich ihn dort, wo auch immer, wahrgenommen und von ihm gewusst hatte.

Schon älter, mit ungefähr 17 Jahren, fasste ich den Mut und erzählte diese Erinnerungen einer vertrauten Arbeitskollegin, die sehr offen für Spiritualität und übersinnliche Phänomene war. Sie schaute mich daraufhin nur erschrocken, mit riesengroßen Augen an und sagte nicht wirklich etwas. Mein Herz pochte wie wild, denn es fiel mir schwer, diese Geschichte jemanden anzuvertrauen. Ich erkannte, dass sie damit überfordert war. Lange Zeit meines Lebens verstand ich es selbst nicht und fühlte mich immer „anders" als die Anderen.

So trug ich diese Erinnerungen an „Damals" immer ganz tief in meinem Herzen. Ab und zu kamen sie in mir hoch, meistens ließ ich sie an diesem geschützten Ort. Wie ein wertvolles Medaillon trägt man so etwas Besonderes mit sich, geht in einem kurzen Tagtraum in diese Erinnerung hinein und verschließt es nachher wieder, viel zu wertvoll um dies täglich offen zu tragen.

Kindheit und Schulzeit

Als Kind fiel es mir nicht leicht, wie ein „normales" Kind zu sein oder aufzuwachsen. Zuerst wollte ich so schnell wie möglich erwachsen werden. Ich hatte das Gefühl hier eine gewisse Zeit absitzen zu müssen, bis mein eigentliches Leben begann. Ich fragte mich nach dem Sinn des Lebens, Fragen über Gott und Engel. Der Himmel und die Ewigkeit interessierten mich brennend. Ich war sehr fühlend und sensibel in meiner Kindheit unterwegs. Ich konnte stundenlang lesen, war gerne Zuhause bei meinen Eltern und meinem großen Bruder, und blieb gerne in meiner eigenen Welt.

Ich beobachtete aufmerksam meine Umgebung, die Menschen und ihr Verhalten, die oft nach außen anders waren, als das, was ich von ihnen sah und fühlte. Augenblicklich konnte ich von ihnen ablesen, was sie tief in ihrem Inneren beschäftigte und bewegte. Ich machte es mir unbewusst zu einem Spiel, beide Seiten zu betrachten. Das Innere und das Äußere, wie sie sich zeigten. Das Spiel der Menschen, das Spiel des Lebens. Meine eigene kleine Welt, wo ich mein Umfeld empathisch erfühlen konnte und genauso fühlte ich mich in Sicherheit. Hinzufühlen und hinzuspüren, was in meinem persönlichen Umfeld passierte, gab mir Sicherheit und Stabilität. Das behielt ich bei. Je älter ich wurde, desto unbewusster geschah dies.

Oftmals konnte ich gar nicht unterscheiden, ob ich etwas wusste, weil ich es bei den Erwachsenen mithörte, oder ob ich die Antwort durch meine sensible Art empathisch wahrnahm.

Wenn ich Sorgen hatte, sprach ich mit meinem Himmel, mit der Stimme, die ich seit jeher kannte und die mir vertraut war. Ich nahm sie in mir, aber auch um mich herum wahr. Dies war nicht die Stimme meiner eigenen, inneren Gedanken, sondern es war stets diese warme, sanfte, weise, aber dennoch bestimmte Männerstimme. Dabei spürte ich immer ein Kribbeln, Wärme und ein wohliges Gefühl von Liebe und Geborgenheit. Ich wusste, ich bin niemals alleine.

In meiner Kindheit dachte ich, es sei Gott. Ich kannte das aus Erzählungen der Erwachsenen und man hörte es auch in den Gottesdiensten der Kirchen. „Unser Vater im Himmel" … ja, es musste so sein, denn ein Engel hörte sich ganz bestimmt nicht so an. So meine Gedanken dazu. Heute bin ich sehr froh darüber, wie mich meine Eltern im Glauben und gerade in Bezug auf Religion erzogen haben. Meine Familie war katholisch, auch an meiner Schule wurde es so unterrichtet. Wir gingen ab und zu in die Messe und abends vor dem Schlafengehen wurde ein Gebet gesprochen. Meine Eltern fuhren gerne, wenn sie am Wochenende einen Ausflug machten, zu einer Kirche um diese zu besuchen. Sie zündeten für ihre Verstorbenen, oder wo göttliche Hilfe oder Beistand benötigt wurde, eine Kerze an. Man glaubte und vertraute dieser höheren Macht. Dafür bin ich sehr dankbar.

Mir wurde ganz natürlich vorgelebt, an etwas Höheres, nennen wir es „Gott" zu glauben. Den einen großen Schöpfer, wie ich ihn heute nenne, der über alle Religionen und über alles Geschriebene steht. Dafür bin ich heute als Erwachsene sehr dankbar, meine Religiosität in meiner Kindheit liberaler erlebt zu haben, im Gegensatz zu so manch anderen Kindern in meiner Zeit, deren Eltern und Großeltern sehr geprägt von den starken Regeln und Vorschriften ihrer Konfession und Religion waren. Meiner Meinung nach haben seit jeher viele Weltreligionen unnötige Ängste bei den Menschen geschürt, nur um ihre Macht zu demonstrieren. Alles was ich von Gott, Jesus und den ganzen Geschichten der Vergangenheit zu diesen Themen im Religionsunterricht gehört hatte, interessierte mich brennend. Tief im Inneren auf der Suche nach dem wahren Himmel, der Suche nach der Wahrheit, meiner Wahrheit und meiner Erinnerung. Ich war immer fest davon überzeugt, dass das da oben, diese Stimme aus dem Himmel und das Gefühl dazu „Gott" ist.

Aber mit zehn Jahren wurden mir plötzlich diese Sicherheit, sowie der Glaube an einen persönlichen Kontakt mit Gott genommen. Meine Religionslehrerin erzählte uns nämlich im Unterricht, dass kein Mensch und auch sonst niemand, mit Gott sprechen könnte. Dass es auch keine Menschen gibt, die Gott hören könnten, nur die wenigen Auserwählten, die man aus den Geschichten und Überlieferungen der Bibel kannte. Wir seien von Gott abgeschnitten. Sie sprach so darüber, als ob wir ihn verloren hätten. Ich war erschrocken, enttäuscht und glaubte ihr. Was ist jetzt mit meinem Gott, mit meinem Himmel, die zu mir sprachen? Meine Erinnerung, meine Heimat, woher ich kam? Warum sollten wir Gott hier auf der Erde nicht wahrnehmen können? Warum waren wir Menschen auf der

Erde, wie sie behauptete, Sünder von Geburt an, obwohl ich reinen Herzens meiner Seele hier herkam? Ich verstand die Welt nicht mehr.

Meine Religionslehrerin erklärte uns dann noch, wir dürften Jesus um Hilfe bitten, zu ihm beten. Auch zu Gott konnte man beten. Aber das war´s dann schon. Enttäuscht und im Zweifeln an mich selbst, gab ich dieser Stimme und Verbindung „nach oben" nicht mehr so viel Beachtung. Diese Religionsstunde, die ich als Kind immer liebte und mich im Gegensatz zu meinen Mittschülern brennend interessierte, hatte mich jetzt zutiefst enttäuscht.

Anfangs ging ich überhaupt nicht gerne in die Schule. Tagtäglich saß ich dort gewissermaßen meine Zeit ab und wollte, dass alles so schnell wie möglich vorbeiging. Denn jeder Tag zog sich derart in eine Länge, die mir völlig fremd war. Zu Beginn meiner Volksschulzeit wurden zwei Schulstufen gleichzeitig in einem Klassenzimmer unterrichtet. Das verwirrte mich und es fiel mir schwer aufmerksam zu bleiben. Zu viele Situationen, die Gefühle und Gedanken der anderen Kinder, so viele Menschen in einem Raum, das überforderte mich maßlos. Mein Schulanfang war äußerst schwierig für mich und so war ich oftmals umgeben mit einem Gefühl von Traurigkeit und Unverständnis. „Warum muss ich in diesem Leben schon wieder so viel lernen, das habe ich ja schon irgendwann einmal erlebt, warum jetzt schon wieder?" Diese dauerhaften und immer wiederkehrenden Gedanken im Kopf, begleiteten mich während der ersten zwei Jahre meiner Volksschulzeit. Auch das Gefühl hier meine Zeit absitzen zu müssen, bis mein wirkliches Leben beginnen sollte. Aber wann sollte das sein? Ich wusste stets tief in mir, dass noch etwas ganz Besonderes und Wichtiges in meinem Leben vor mir liegen. Wann und was das sein sollte, wusste ich nicht. Gedanken die ich hatte, aber nicht verstand, woher sie kamen und mir sagen wollten.

So flüchtete ich die ersten zwei Schuljahre immer öfters in Tagträume und schickte meine Seele auf Reisen. Ich sehnte mich zurück in meinen Himmel oder nach vorne in meine Zukunft, endlich groß und erwachsen zu sein. Wenn ich keine Lust mehr hatte aufzupassen und ich nachmittags etwas müder war, beobachtete ich die leuchtenden Farben um meine Lehrer herum. Diesen Lichtschein, der sie umgab, sah ich nur, wenn sie vor der Tafel standen. Heute weiß ich, dass es ihr Energiefeld, ihre Aura war. Damals dachte ich mir mit meinem kindlichen Verstand, es sei so etwas wie ein Heiligenschein, den man von Kirchenbildern und alten Statuen her kannte. Eines verstand ich dabei schon wieder nicht. Wenn es ein Heiligenschein sein sollte, den hätten doch nur die guten Menschen und die Frommen? Aber das was ich sah, war gerade umgekehrt. Meiner Ansicht nach hatten die für uns Kinder „guten Lehrer" weniger Licht und die Lehrer, die ich und die anderen Kinder für streng hielten und nicht so gerne mochten, viel Licht um sich herum. Diese Lehrer waren streng und hielten ihre Klasse, gerade in der Pubertätszeit, gut unter Kontrolle. Heute habe ich dazu eine ganz einfache Erklärung: Jene Lehrer die stark in ihrer Mitte, Balance und Stabilität blieben und von uns Schülern in ihrer Lehrtätigkeit nicht schwächen ließen, strotzten geradezu vor Kraft und Lebensenergie. Sie hatten demnach eine größere, lichtvollere Aura, als jene Lehrer, die sich von ihren Schülern auslaugen ließen, die zu gutmütig waren oder sich schwerer durchsetzen konnten. Sie alle waren müde, leer und energetisch ausgelaugt.

Als ich älter war, wurden auch die Schule und das ganze System erträglicher und es fing an, mir zunehmend Spaß zu machen. Zuhause, wenn ich alleine im Garten spielte, ein Platz wo viele Himbeeren und Johannisbeeren wuchsen, war es für mich ein bisschen wie in einem Zaubergarten. Leicht verwildert wucherten die Himbeeren in die Höhe und es gab eine kleine Mauer dazu. Damals holten mich als Kind Erinnerungen ein, wie ich einmal in einer Burg, umgeben von üppiger Natur, gelebt hatte. Dort war ich erwachsen und trug lange Kleider. Es gab kleine Gärten, Steinmauern und grüne Hänge. Diese Burg lag auf einem kleinen Hügel, umgeben von einem grünen, dichten Wald. Diese Erinnerungen waren in mir ganz natürlich vorhanden. Ich fragte mich nie, woher sie kamen, sie gehörten zu mir, zu meiner Reise aus Früher. Nicht aus dem Himmel und dessen blauem Licht, nein, da gab es noch ein Früher, noch weiter zurück.

Wo ist Atlantis?

Als Kind malte ich immer gerne Bilder mit zwei ähnlichen Motiven, die für mich sehr wichtig waren. Eine Burg, umgeben von grünen Wäldern und ein anderes Bild mit einer großen Insel, die mitten im Meer lag, mit saftig grünen Pflanzen, blühenden Sträuchern und hohen Palmen bewachsen war. In meiner Kindheit war das bereits „Atlantis" für mich. Ich wusste nicht wirklich, warum mir das Wort Atlantis so viel bedeutete und ich kann mich auch nicht erinnern, wo und wann ich das erste Mal darüber etwas gehört hatte. Es gab niemals eine Zeit, wo eine Verbindung zu Atlantis nicht fühlbar gewesen wäre. Auch als ich den großen Weltatlas meines Bruders öfters sah und die ersten Buchstaben zu Schulbeginn bereits lesen konnte, glaubte ich immer, es wäre ein Buch über Atlantis.

Erst als mir mein Bruder das Buch zeigte und mir sagte, dass es ein „Atlas" wäre, war ich darüber furchtbar enttäuscht und glaubte, es sei nur falsch geschrieben und es müsste doch auch ein Buch über Atlantis geben. So war ich seit Kindheit an immer auf der Suche nach meinen früheren Erinnerungen, nach dieser Zeit und nach meiner Wahrheit, die mich stets bewusst oder unbewusst durch all die Jahre begleiteten. Ich suchte ständig nach etwas, das es scheinbar gar nicht gab.

Atlantis fand ich erst im Laufe meines Werdeganges als Energetikerin und eine Ausbildung zur Reinkarnationsbegleitung absolvierte. Ich besuchte insgesamt drei Seminare bei verschiedenen Lehrern. Damals bin ich diesen Weg nur gegangen, auf der Suche nach meinen Vorleben und um meine Erinnerungen wiederzufinden. Und schließlich fand ich sie auch. Atlantis, eine gute Zeit, wo die Menschen mit der Natur und untereinander in völligem Einklang lebten. Sie verfügten über große spirituelle Kräfte wie Telepathie, Magie, Schamanismus, Kräuter- und Naturwissen, übten sich in der Stille der Meditation, heilten und stärkten die Menschen durch Musik, Gesänge und heilenden Tönen, waren eingeweiht in spiritueller Ritualarbeit und verwendeten programmierte Kristalle und Quarzsteine. Einiges von diesem Wissen war oftmals geheim und nur einem gewissen Teil der Bewohner zugänglich. Bei vielen dieser Bewohner fielen ihre tiefblau leuchtenden Augen auf und ihre Seelen schienen engelsgleich. Sie kleideten sich mit langen Gewändern und Umhängen in den verschiedensten Blautönen oder hellen Naturtönen.

Viele ernährten sich fleischlos, sammelten und aßen das, was die Natur hergab, wie Früchte, Gemüse, Samen und Nüsse. Bei dieser Rückführung bekam ich so viele Einblicke in ein früheres Vorleben von mir.

Auch bei einer meiner Ausbildungen über lemurische und atlantische Kristallheilung sah ich, ebenfalls bei einer Rückführung, erneut Szenen von diesem damaligen Leben.

Bei meiner heutigen Arbeit sehe und erkenne ich an der Seelen- oder Aurasignatur meiner Klienten, wer ebenso eine Verbindung zu dieser Zeit oder zu einer anderen Hochkultur auf diesem Planeten hatte. Auch heute interessiert mich dieses Thema und das gesamte energetische Heilwissen vieler vergangener Hochkulturen, die auf einen großen Erfahrungsschatz im Umgang mit Schamanismus, metaphysischen Themen und geistigen Kräften zurückgreifen konnten.

Freiheit

Ich war froh, als meine Schulzeit vorbei war. Ich wollte jetzt selbst Geld verdienen, frei und erwachsen sein. Zwischen meinem 15. und 18. Lebensjahr las ich gerne Bücher über Heilkräuter, Mineralien und Edelsteine, entfernte Länder und Kulturen, Bücher über Traumbotschaften, Astrologie, unerklärliche und paranormale Phänomene, sowie außerirdischem Leben. Ich liebte die Geschichten von Jesus und seine Wunderheilungen. Mein Interesse galt auch anderen Propheten und dem Buddhismus, wo im Gegensatz zu den meisten Religionen nicht die Verehrung eines allmächtigen Gottes, sondern die Entwicklung des eigenen Geistes, die Achtsamkeit für sich und sein Gegenüber, sowie die Umwelt im Mittelpunkt stehen.

In meiner Jugendzeit hatte ich oftmals kurze „Déjà-vu-Erlebnisse", die immer ein geheimnisvolles, vorantreibendes und suchendes Gefühl in mir hervorriefen. Damals hatte ich bereits sogenannte Wahrträume. Vieles von dem was ich nachts geträumt hatte, ist am nächsten Tag meistens auch eingetreten.

Da mir das Lernen, so wie ich es vom Schulsystem her gewohnt war, nicht sonderlich Freude machte und mir zunehmend Stress und Prüfungsangst bescherte, entschloss ich mich gegen einen Lehrberuf. Alle mir damals zugänglichen Lehrberufe interessierten mich nicht. Alles was mich interessierte, wie Heilpraktiker, Astrologe und dergleichen, waren zur damaligen Zeit für ein junges Mädchen unmöglich zu erlernen.

Nur hinaus in die Arbeits- und Erwachsenenwelt, frei sein, erwachsen sein, Freiheit. Ich liebte es arbeiten zu gehen, neue Menschen kennen zu lernen und mein eigenes Geld zu verdienen.

Bereits mit 17 Jahren lernte ich meinen heutigen Mann, der sechs Jahre älter war, kennen und lieben. So begann ein neuer Lebensabschnitt für mich. Ich spürte, das war der richtige Weg, mein Weg. Von Anfang an war er mir sehr vertraut und ich konnte ihm über meine Erinnerungen an frühere Leben erzählen. Mein Lebensweg bekam eine ungeahnte Eigendynamik und alles ging sehr schnell. Mit 19 Jahren wurde ich zum ersten Mal Mutter und wir zogen in unser gemeinsames Haus. Für mich war es damals auch sehr stimmig, denn ich wünschte mir Kinder und wollte nicht zu lange warten. Tief im Innersten spürte ich jedoch einen Ruf und eine Ungeduld, die mich vorantrieben, ich aber nicht erklären konnte. So heiratete ich mit 22 Jahren und bekam ein Jahr später mein zweites Kind. Ich war zu dieser Zeit sehr zufrieden, aber dann kam einiges anders als ich dachte.

Veränderungen

Astralreise

Bei der Geburt meines zweiten Kindes hatte ich ein für mich sehr einschneidendes Erlebnis. Am Wehentropf hängend, eingestellt auf der stärksten Stufe, vielen vorangegangenen Stunden mit Wehen und Warten, Problemen im Geburtsverlauf, begleitet von einer ruppigen Hebamme um die Geburt voranzutreiben, passierte mir etwas völlig Unerwartetes.

Kurz vor der Geburt meines Kindes, bei den letzten Presswehen, umringt von mehreren Hebammen, die wiederholt auf meinen Bauch drückten, mein Mann hinter mir sitzend, um mir den Rücken zu stützen, verschwanden plötzlich von den Beinen an Richtung Oberkörper alle meine Schmerzen. Es war ein mir unbekanntes Gefühl, aufsteigend durch den ganzen Körper, wie eine Welle, bei der ich das Gefühl hatte, alles finge an in Zeitlupe zu passieren und die Zeit bliebe stehen, so als ob es mich von den Beinen hoch wegziehen würde, bis zu meiner Brustmitte. Ich hörte die Hebammen noch mitten in der Presswehe sagen, „pressen, so lange es geht, nicht aufhören, weiterpressen", just in diesem Moment zog es mich irgendwie weg, heraus aus meinem Körper und ich fand mich sogleich, völlig selbstverständlich an einem anderen Ort wieder. Ganz klar und bewusst, völlig real und lebendig wie immer. Ich kannte diesen Platz an dem ich jetzt war, denn es war eine Abteilung in meiner Firma, wo ich zuletzt gearbeitet habe. Ich sah dort die weiße Wanduhr, die in diesem Moment auch die echte Uhrzeit an diesem Morgen anzeigte. Ich dachte mir nichts dabei. Ganz normal fragte ich mich gedanklich selbst, wo den wohl all die Leute sind, die auf der Produktionsstraße dieser Lebensmittelfirma normalerweise arbeiten. Sofort fiel es mir auch wieder ein, da es ja ein Schichtbetrieb war und diese Abteilung am Vormittag erst ein paar Stunden später zu produzieren begann.

Meine Aufmerksamkeit zog ein kleines Fenster auf sich, das mich, während ich dort noch gearbeitet habe, immer störte. Denn man sah nur einen Hügel, der ganz nah am Fenster war, mit frisch angelegtem Rasen. Man konnte keinen Horizont, keine Landschaft, nicht einmal das Wetter erkennen. Ich empfand es als störend, so wie immer, wenn ich in dieser Abteilung arbeitete. Ich hing ohne ein Zeitgefühl diesem Gedanken nach und verlor mich darin. Blitzartig stieg ein Gedanke in mir auf, was ich hier überhaupt mache. Plötzlich kam mir aber etwas seltsam vor. Ein starkes und beunruhigendes Gefühl überkam mich. Völlig selbstverständlich stand ich hier und nahm mich auch körperlich ganz normal wie immer wahr. Meine Aufmerksamkeit richtete sich wieder auf die Uhr und den Minutenzeiger. Plötzlich fiel es mir wieder ein, dass ich ja im Krankenhaus sein müsste, denn ich bekomme ja gerade mein Kind und ich wollte es sicher und gesund zur Welt bringen. Ich hatte ja auch noch mein erstes Kind, das mich ebenfalls braucht. Ausgelöst durch diese sorgenvollen Gedanken kam so etwas wie ein starker Sog, scheinbar aus der Himmelsrichtung, wo sich das Krankenhaus befand und zog mich blitzschnell von dort weg, zurück in den Kreißsaal.

Und da war es wieder, ganz deutlich die Schwere meines Körpers, meine Schmerzen, die Presswehe in der ich mich gerade befand, der Druck der Hebammen auf meinem Bauch, ich nach vorne gedrückt hörte ihre Stimmen, wie sie mich lobten, weil ich anscheinend bei dieser Presswehe enorm lange durchgehalten hatte. Ich stieß jedoch alle Hebammen beiseite und wusste nicht, was gerade passiert war. Keine Zeit um darüber nachzudenken wurde gleich darauf mein Kind geboren. Von diesem Erlebnis schockiert, freute ich mich natürlich mein Kind zu sehen, aber meine Stimmung war leicht getrübt.

Im Krankenhaus ging man sogleich zur völligen Normalität über. Als ich zurück im Zimmer mein aufgequollenes Gesicht mit den zerrissenen Äderchen und das erschrockene Gesicht meiner Zimmergenossin, mit dem Satz: „Was haben sie denn mit dir gemacht?" sah, fühlte ich mich noch schlechter. Ich konnte nicht darüber reden, weil mir anfangs dazu die Worte fehlten. Die ersten Tage hatte ich das Gefühl, als ob ein Teil von mir fehlen würde. Tage später und Zuhause angekommen, fühlte ich mich besser und ging wieder meinen gewohnten Tätigkeiten als Mutter nach. Ich arbeitete gerne im Garten und war mit den Kindern beschäftigt. Aber immer als ich alleine war, in der Stille oder wenn ich mich kurz hinlegte, überkam mich regelmäßig ein mir damals unbekanntes Gefühl. Ich spürte, dass jemand neben mir stand, mich jemand am Arm oder Gesicht berührte. Ich spürte ganz deutlich, ich war nicht alleine in einem Raum, wusste aber nicht wer oder was das sein sollte. Ich konzentrierte mich daher auf meine Familie und begann das Ganze langsam zu verdrängen. Manchmal überkam mich auch ein stiller Gedanke, sobald ich etwas spürte oder wahrnahm, an das Jenseits und an Verstorbene. Aber wer sie waren und warum sie auf sich aufmerksam machten und ich sie wahrnehmen konnte, dazu fand ich keine Erklärung. An Schutzengel oder Geistführer dachte ich zu dieser Zeit nicht.

Viele Jahre später, als ich bereits meinen medialen und sensitiven Weg eingeschlagen hatte, schon einige Seminare in diesem Bereich besucht und schon guten Kontakt zu meinem Geistführer hatte, begriff ich, dass es sich bei diesem Geburtserlebnis wahrscheinlich um einen Astralaustritt gehandelt hat. Das heißt, dass sich meine Energie, mein Astralkörper, ein Teil meiner Aura, kurz wie bei einem Nahtoderlebnis, von meinem Erdenkörper getrennt hatten. Jedoch mein Körper sich nicht so weit entfernt hat, wie bei einem Nahtoderlebnis, also kein Besuch im Jenseits erfolgte, sondern zu einem anderen Ort oder Platz der Erde hinreist und sich dort kurze Zeit aufhält. Seit dieser Zeit und wie die Jahre vergingen, kam mir oftmals die Erinnerung an „meinen Himmel" in den Sinn.

Da die darauffolgenden Jahre von hoher Sensitivität und körperlichen Disharmonien geprägt waren und ich mich in meinen Lebensjahren jener Zahl näherte, die mir damals genannt bzw. gezeigt wurde, begleitete mich auch die Angst dazu. Sollte mein Leben in dieser Zeitspanne wirklich vorbei sein und was wäre dann genau vorbei? Aber darauf bekam ich keine Antworten.

Hochsensibel

Nach dieser tiefgreifenden Erfahrung bei der Geburt meines zweiten Kindes und meiner hohen Sensibilität und Empathie von Kindheit an, fing ich an zu verstehen, dass vieles was ich spürte und wahrnahm, nicht ganz alltäglich war. Egal was ich machte, mein Alltag wurde immer mehr zu: „Ich fühle was du fühlst und ich denke was du denkst." Schmerzen, Unwohlsein und verschiedenste Disharmonien, nachdem ich unter Menschen war, gehörten von nun an regelmäßig zu mir. Ich fing an bewusster zu verstehen, dass ich bereits seit meiner Kindheit, aber noch verstärkt durch das außerkörperliche Erlebnis bei der Geburt meines Kindes, viel empathischer und hochsensibler war, als ich dachte.

Die äußeren Reize wie Lärm und starke Gerüche machten mir bei meiner Hochsensibilität nicht so zu schaffen, wie so manch andere hochsensible Menschen, umso mehr aber die inneren Reize. Ich tauchte förmlich in die Gedanken und Stimmungen anderer Menschen ein, ich verschmolz förmlich damit. Zudem fiel es mir schwer, mich davon abzugrenzen.

Heute weiß ich, dass sich hochsensible Menschen gut in andere einfühlen können.

Viele kleine und alltägliche Details werden besonders intensiv wahrgenommen, die wiederum anderen Menschen verborgen bleiben und sie ahnen Dinge bevor sie passieren, sehr oft im Voraus. Bei diesen Personen werden alle Gefühle tiefgründiger wahrgenommen und einen Hochsensiblen zu belügen wird kaum gelingen.

Es gibt eine Vielzahl von Symptomen, die alle menschlichen Sinne betreffen und diesen Menschen an seine Belastungsgrenzen bringen können. Licht und Geräuschempfindlichkeit sowie Elektrosmog gehören ebenso dazu, wie zu große Menschenmassen die überfordern, überbelasten und Stress erzeugen. Ständig befindet man sich in einer Welle aus Gedanken und Emotionen anderer. Ein ausgeprägtes und übernatürliches Gespür. Fluch und Segen zugleich. Eigene Entscheidungen die getroffen werden müssen, fallen oft schwer, weil alles ganz genau beachtet und abgewogen werden muss, wie Zukünftiges ausgeht und dabei werden Dinge bedacht, an die kein anderer denken würde. Viele haben einen überhöhten Selbstanspruch, der meistens nicht erfüllbar ist. Blitzartig können sie die momentane Stimmung in Räumen und an Orten erkennen. Solche sensible Menschen sind gute Zuhörer und Ratgeber, haben ein ausgezeichnetes Einfühlvermögen, das von vielen geschätzt wird. Hier das richtige Maß an Abgrenzung zu finden ist besonders wichtig. Ebenso sich täglich Pausen zu gönnen, um zur Ruhe zu kommen, abzuschalten und neue Energie zu tanken. Die Natur ist dazu bestens geeignet.

Gerade auf körperliche Ebene konnte ich jahrelang oft nicht unterscheiden, ob es meine eigenen Empfindungen oder die von jemand anderen waren. Eine empathische Reizüberflutung, die mich auch heute noch gelegentlich durch die intensive Wahrnehmung und der vielen Informationen von außen überfordern und stressen kann. Da ich oft nicht unterscheiden konnte, ob es wirklich eine körperliche Disharmonie ist oder nur eine sensible, empathische Nebenerscheinung von außen, führte mich damals mein Weg zu einem Geistheiler: Ein älterer Mann, der mir schon vor Jahren sehr geholfen hatte. Er legte mir kurz an verschiedensten Stellen die Hände auf. Sie waren extrem heiß und er murmelte ständig etwas vor sich hin, das ich nicht verstand. Aber siehe da, die Symptome die ich hatte verschwanden, Stunde für Stunde. Augenblicklich war ich von der Arbeit dieses Heilers bewegt und verzaubert zugleich. Da wo die Ärzte nichts fanden, löste sich mein körperliches Problem auf und verschwand.

Heute weiß ich, dass die Ärzte nichts finden konnten, denn ich manifestierte damals alles im Körper, was mir täglich an Empfindungen von außen und unvorbereitet entgegenkam. Durch seine Arbeit als Geistheiler löste er in meinem Energiefeld alle Blockaden energetisch auf und unterstützte mich, geistig meinen Horizont zu erweitern, sowie Körper, Geist und Seele tatsächlich als Ganzheit wahrzunehmen. So wurden bei mir der Grundstein und das Interesse zum energetisch-feinstofflichen Heilen gelegt und ich fing an, mich ernsthaft damit zu beschäftigen.

Mein Weg zwang mich genau hinzuschauen

Ich musste nicht einmal einer Person zur Begrüßung die Hand geben, sondern nur knapp vor oder neben ihr stehen, da fing mein Herz gleich an, minutenlang unregelmäßig zu schlagen. Mit einer zusehends wahrnehmbaren Emotion in meiner Magengrube, Gefühlen und belastenden Gedanken, wurde ich mit der momentanen Stimmung meines Gegenübers eindeutig konfrontiert. Ein anderes Mal, wenn ich mich länger in alten Häusern befand, wo mehrere Generationen bereits gelebt hatten, verspürte ich eine Enge in der Brustgegend und das Atmen viel mir schwerer. Heute weiß ich, dass ich damals schon verstorbene Seelen intensiv wahrgenommen habe, aber einfach nicht unterscheiden konnte, ob es sich dabei um die Energiefelder von Menschen und Häusern handelte und ich diese sensitiv wahrnahm oder um Bereiche aus der jenseitigen geistigen Welt, die mit mir medial in Verbindung standen. Viele kleine alltägliche Erlebnisse, die mir unbewusst eine Menge an Kraft und Lebensenergie gekostet haben. Meine körperlichen Symptome, die ich an mir verspürte, kamen dabei immer öfters, heftiger und in immer kürzeren Abständen.

Die Besuche bei diesem Geistheiler halfen mir jedes Mal, aber die Abstände, wo ich ihn aufsuchen musste, wurden immer kürzer. Zu dieser Zeit fühlte ich mich sehr hilflos. Verschiedenste Disharmonien, die wie aus dem Nichts daher kamen, war das Eine verschwunden, klopfte schon das Nächste an. Besonders wenn mein Kreislauf grundlos verrückt spielte und ich so auf meinen Herzschlag aufmerksam wurde, suchte mich das Gefühl heim, dass ich eine gewisse Lebens(end)zeit in meiner Erinnerung habe, die natürlich immer näher und näher rückte. Erinnerungen an die Botschaften aus meinem Himmel, kamen dabei wieder hoch.

Angst stieg in mir auf, da ich ja diese Mitteilung mein ganzes bisheriges Leben in mir getragen habe, dass mein Lebensweg mit Mitte Dreißig in irgend einer Weise vorbei oder zu Ende sein könnte. Ich wusste nicht mehr genau, was in diesem Alter passieren sollte, konnte mich aber genau daran erinnern, dass mir diese Zeit in meinem Himmel vor meiner Geburt, diese Zeitspanne gezeigt wurde und danach gab es für mich keinen Einblick mehr in meinen weiteren Lebensplan. So wie ein unbeschriebenes Blatt Papier, ein leeres Drehbuch ohne weitere Kapitel im „Buch des Lebens", und genau das machte mir zunehmend Angst. In dieser Zeit dachte ich immer, ich müsste bald sterben und es begleitete mich ständig ein eigenartiges Gefühl dazu.

Zu dieser Zeit fiel mir zufällig ein Buch vor die Nase: „Die Kunst des Handauflegens", das mich sofort begeisterte. Ich wollte mir selbst helfen, um mich selbst energetisch zu harmonisieren, meine Lebensenergie zu stabilisieren und zu erlernen, diese zu schützen. Ich spürte, das war mein Schlüssel dazu. Ich gab dieses Buch nicht mehr aus meinen Händen. Ich begann darin zu lesen und erfuhr viel über universelle Lebensenergie, Aura und Chakren, dem energetischen Feld das uns ständig umgibt, über die energetische und seelische Botschaft einer körperlichen Erkrankung, über die geistigen Gesetze der Energie und Materie, sowie das Spiegelgesetz. Auch Übungen zur Selbstanwendung für meine innere und äußere Harmonie gehörten dazu. Während ich dieses Buch las, umgab mich eine mir altbekannte Energie. Wärme, Kribbeln und das Gefühl nicht alleine zu sein. Ich wusste nicht was es war, ein Engel, Gott der über mich wacht, oder ein geistiges Wesen, wie jemand Verstorbener? Ich spürte eine besonders starke Verbindung zu diesem unbekannten Besucher, so als ob mich jemand ermuntern möchte oder mir sagen wollte, du bist auf dem richtigen Weg. Ich fühlte es, verstand es jedoch nicht wirklich, was damit gemeint war. Ich kannte dieses Gefühl schon von Früher. Es stellte sich in den letzten Jahren genau dann ein, wenn ich ein besonders Kapitel in einem Buch las, egal ob Fach- oder Kräuterbuch, oder es eine Biographie war. Ich hatte immer die Wahrnehmung, als wollte mir dabei dieser unsichtbare Besucher etwas mitteilen oder mich führen. Und so auch dieses Mal, aber um ein Vielfaches stärker.

So entdeckte ich meine natürliche Gabe

In diesem Buch waren verschiedenste Übungen enthalten, wie zum Beispiel energetisches Handauflegen, die Aura zu sehen, sie sensitiv zu lesen und hellsichtig wahrzunehmen. Ich versuchte dies sogleich selbst auszuprobieren. Meine Übungsobjekte beim Aurasehen waren anfangs die Pflanzen in meinem Garten und die hohen Bäume des Waldes hinter dem Haus. Es war ein sonniger Frühlingstag, die Vögel zwitscherten. Ich saß im

Garten und las die Übung zum Aurasehen durch, schloss kurz die Augen, öffnete sie wieder und sah die Bäume leuchten. Dieses Leuchten war schnell da, aber auch gleich wieder weg. In diesem Buch war zudem beschrieben, dass Aurasehen viel Übung erfordert. Sogleich versuchte ich es noch einmal und dieses Leuchten, das ich wieder wahrnahm, war mir nichts Unbekanntes. Denn ich kannte dieses Licht über Menschen und Objekte schon seit meiner Kindheit. Das erste Mal bewusst, wie bereits in einem vorherigen Kapitel erwähnt, ähnlich einem Tagtraum in der Schule, als ich schon sehr müde war, bei meinen Lehrern. Ich war erfreut und enttäuscht zugleich, denn ich erwartete mir mehr. Dass das nur die Aura sein sollte, hatte mich enttäuscht. Ich dachte immer, die Umrisse von diesem hellen, graublauen Leuchten, das sich in gelb, orange und purpurrot verändert, kann jeder sehen.

Anschließend versuchte ich gleich die nächste Übung mit dem Handauflegen. Wie beschrieben rieb ich meine Hände und hielt sie zu Beginn im Abstand von ein paar Zentimetern gegenüber, um die Empfindung dazwischen wahrzunehmen. Danach legte ich mir die Hände auf meinen Körper und spürte eine angenehme Wärme. Ich schloss meine Augen, erinnerte mich an meinen Heiler, wie er das wohl gemacht hat, denn er machte daraus immer ein großes Geheimnis, und dass solch eine Gabe nur wenigen Menschen vorbehalten sei. Aber ich wollte alles darüber wissen. Sozusagen auf der Suche nach seinem Geheimnis, der Kunst des energetischen Heilens durch die Kraft der Hände. In diesem Buch stand auch, dass jeder Mensch diese Fähigkeit besitzt, energetische, universelle Lebensenergie mit den Händen zu übertragen und dies zur Selbstheilung anzuwenden.

In diesem Moment kam mir von alleine in den Sinn, intuitiv eine Bitte an den Himmel zu richten. Ich bat Gott, die Engel und meine geistige Heimat, mir Heilung durch meine Hände zukommen zu lassen.

Und so passierte es, mein Hände wurden augenblicklich brennend heiß und vor meinem inneren Auge entstand ein großes Symbol einer lichtvollen, leuchtenden gelben Sonne. Außerordentliche Leichtigkeit erfasste mich und mir war, als ob ich leicht zu schweben begann. Es dauerte höchstens drei Minuten, dann war alles wieder vorbei und ein einzigartiges Glücksgefühl durchströmte mich, das noch mehrere Tage anhielt. Dieses Mal hüpfte und tanzte mein Herz voller Freude mit dem beglückenden Gefühl, den Schlüssel zu dieser, für mich besonderen Heilweise, gefunden zu haben. Es funktionierte einfach, so als wollte mir der Himmel seine Hand reichen und seine Hilfe anbieten. Himmel und Erde begannen langsam wieder für mich Eins zu werden. Tief verbunden kam ein lange vermisstes Heimatgefühl in mir wieder hoch.

Auch die folgenden Tage wiederholte ich diese Übungen und es funktionierte erstaunlicherweise jedes Mal auf die gleiche Weise, einzigartig und ich spürte regelmäßig Hitze, Wärme, ein Strömen und ein starkes Kribbeln in meinen Handflächen. Neugierig machte ich mich auf die Suche nach mehr, fand weitere Bücher über verschiedenste Heilweisen und ein starkes Gefühl keimte in mir auf, das ist mein Weg und ein wichtiger Anteil von mir.

Ich mache mich selbst auf den Weg

Nachdem ich viele interessante Bücher zu verschiedensten Heilweisen gelesen und immer an mir geübt hatte, mir selbst die Hände auflegte, verspürte ich den Wunsch ein Seminar darüber zu besuchen. Als meine Kinder im Volksschulalter waren und ich nebenbei als Haushaltshilfe tätig war, fand ich ein passendes Seminar dazu. Ich sparte mir mein eigen verdientes Geld zusammen, um mir diese Ausbildung zu ermöglichen. Ich fing mit dem ersten Modul des „Reiki nach Sensei Mikao Usui", eine alte japanische Energiearbeit, die Selbstheilung und Selbstfindung fördert, an. Diese Reiki-Lehre wirkt balancierend und ausgleichend auf der körperlichen, geistigen, emotionalen und seelischen Ebene. Es gab mehrere Module dazu und ich konnte es kaum erwarten, bis die Zeit dahin verging. Ich wollte mehr wissen und mir verschiedenste Techniken aneignen, hatte ich doch schon vorher viel darüber gelesen. Bei dieser Lehre der Energiearbeit gibt es eine Einstimmung bzw. eine Einweihung. Dieses Ritual wirkt wie eine energetische Kraftverstärkung.

Bei dieser Einstimmung war plötzlich, ganz klar und deutlich, eine mir bekannte geistige Präsenz anwesend und ich vernahm eine seit meiner Kindheit her lange Jahre vermisste Stimme in meinem Kopf. Sofort wusste ich, dass es die lichtvolle Präsenz aus meinem Himmel war und ein unbeschreibliches Gefühl von Leichtigkeit und Geborgenheit kamen zurück, die ich mein ganzes Leben lang vermisst hatte. Ganz selbstverständlich akzeptierte ich dieses Lichtwesen, vielleicht ein mich begleitender Engel oder ein Seelenbegleiter von Gott gesandt. Mir wurde nun alles wieder völlig klar. Erinnerungen kamen zurück und ich hatte das Gefühl zu erwachen und ein lang verlorener Anteil meines Selbst kehrte in diesem Moment zu mir zurück. Überraschender Weise bekam ich von dieser Stimme auch eine sehr persönliche Botschaft übermittelt, die sich viele Jahre später bewahrheiten sollte. Damals konnte ich von meiner geistigen Führung nur dessen Stimme wieder erkennen, aber ein Bild oder das Aussehen dazu, waren wie vernebelt.

Beim dritten Reiki-Modul, dem Meistergrad, hatte ich schließlich meinen ersten bewussten Kontakt mit dem Jenseits. Wir waren eine sehr kleine Gruppe, saßen im Garten und arbeiteten das Seminarprogramm durch. Dabei überkam mich eine starke und unsichtbare Präsenz. Es stellten sich über meine Gefühlsebene Emotionen ein, die nicht von mir waren und über diese Wahrnehmung schob sich ein Bild vor meinen geöffneten Augen, von einer kleinen, älteren Frau. Ich wusste augenblicklich was sie sagen wollte, zu wem sie gehörte und war sehr angetan von ihr. Sie blieb eine Weile, bis ihre Energie schwächer wurde und sie den Platz im Garten wieder verließ. Ich behielt all das Wahrgenommene bei mir und erzählte es damals noch niemandem.

In dieser Zeit der ersten Seminare, wenn ich mir selbst die Hände auflegte und mich dabei gut entspannen konnte, tauchten immer wieder Bilder und Szenen aus früheren Leben von mir auf. Es waren Visionen aus dem Nichts, die kurz in meiner Erinnerung hervortraten und sogleich wieder verschwanden. Stets real nahm ich diese Szenen wahr, spürte die Gefühle dazu, hörte Geräusche, wusste wer und was ich war und verlor mich für kurze Zeit in diesen Vorleben. Alles passierte ganz selbstverständlich und ich versank vollkommen darin, bis ein Geräusch oder eine Stimme, die mich mit meinem damaligen Namen in jenem Vorleben riefen, zurück in die Gegenwart brachten. Zu dieser Zeit begegnete ich im Rahmen eines Vortrages über Vorleben und Reinkarnation meinem zweiten Lehrer und Wegbegleiter.

Er erkannte sofort meine Gabe und mein sensitives sowie mediales Gespür. Ich besuchte mehrere Workshops und Seminare bei ihm und fing an Reinkarnation, Energiearbeit, Sensitivität und Medialität zu verstehen und zu verfeinern.

Engel, ja es gibt sie wirklich

Das Engelseminar meines zweiten Lehrers besuchte ich zur bewussten Kontaktherstellung mit der geistigen Welt und für meine Channeling-ausbildung und kam, verliebt in die Engelswelt, wieder zurück nach Hause. Wir meditierten, lernten feinstoffliche Energien zu unterscheiden, dass unser Kontakt nur aus der göttlichen Quelle der allumfassenden Liebe und des Lichts kommt und lernten, uns dafür bewusst zu öffnen. Beim Üben mit einer anderen Seminarteilnehmerin verlor ich ohne eine Erwartungshaltung, sozusagen den Boden unter meinen Füßen, denn ich erlebte so etwas, was man sich unter einem kurzzeitigen Erleuchtungszustand vorstellen kann.

Meine Übungspartnerin saß mir gegenüber, las mir einen kurzen Text vor und führte mich so in die Übung meines ersten Channelings hinein. Ich hatte meine Augen verschlossen und sah durch meine Inneschau nur eine lichtvolle weite Ebene. Ich sollte bei der Übung um einen Erzengel oder Geistführer bitten und anschließend Botschaften für meine Übungspartnerin übermitteln. Ich spürte eine starke, mir unbekannte Wesenheit, die sich als ihr Schutzengel vorstellte. Ein starkes, liebevolles und beschützendes Gefühl stellte sich ein und ich teilte ihr dies mit. In meinen Gedanken fragte ich, ob er ein Engel, ein Wesen der allumfassenden göttlichen Liebe und des Lichts sei und er nickte mit seinem Kopf und antwortete mehrmals mit Ja. Ich gab die Botschaften durch und fühlte mich wie zu Hause. Ich war mit so einem unbeschreiblichen zeitlosen Gefühl und einer liebevollen Welt verbunden, sodass ich nur aus weiter Ferne wahrnahm, als mich meine Übungspartnerin aufforderte, ich möge doch mit meinem Bewusstsein zurückkommen und schließlich auch der Seminarleiter, dessen Stimme ich zwar hörte aber darauf nicht reagieren wollte. Ich wollte nur bleiben. Das war meine Welt, meine Heimat, mein Himmel!

Nachdem ich von den Stimmen im Raum lautstark zurückbeordert wurde, hatte ich niemals mehr einen Zweifel an die Existenz von Engeln. Über sie zu hören oder zu lesen, oder mit ihnen wirklich medial zu arbeiten, waren so unterschiedlich wie Tag und Nacht.

Nach diesem Erlebnis ließ mir die geistige Welt keine Ruhe mehr. Ich hatte dabei in so kurzer Zeit so viel gelernt und erfahren.

Wie die geistige Welt mich gerufen hat

Die geistige Welt in ihren verschiedenen Facetten

Zuhause und im Alltag unter vielen Menschen, konnte ich mich durch meine Weiterentwicklung und durch das Öffnen meines geistigen Bewusstseins immer besser nach außen hin abgrenzen. Meine Hochsensibilität bekam ich so im Alltag gut in den Griff, sie verlagerte sich nun über die Zeit hinweg zunehmend auf meine mediale Ebene. Ich hatte gelernt, mich energetisch abzugrenzen und mich und meine Aura zu schützen. Dies half mir enorm weiter. Nach dem Besuch des ersten Engelseminars war stets ein wunderschöner und großer Regenbogenengel an meiner Seite. Er kommunizierte mit mir ständig über die Gefühlsebene und zeigte mir symbolisch Bilder, die vor meinem inneren Auge abliefen.

Bei meinem ersten Seminar über Reinkarnation und Reisen in unsere Vorleben sah ich während den Meditationen, immer wenn mein Seminarleiter von Geistführern und Engel sprach, meinen Regenbogenengel neben mir stehen. Ich sah auch mehrere goldene, weiße und nebelartige Lichtwesen mit einem wundervollen Leuchten in ihrem Gesicht. Augen oder Gesichtszüge konnte ich bei diesen Engels- und feinstofflichen Lichtwesen nicht erkennen. Viele Teilnehmer saßen in diesem Seminar, die jahrelang das bereits trainierten und sie erzählten nach der gemeinsamen Meditation ebenso von ihren geistigen Führern, von Engeln aber auch von Verstorbenen, die sie dabei gesehen hatten. Das machte mir Mut und ich vertraute immer mehr meiner Intuition. Auch mein Lehrer sprach mir positiv zu und bestätigte, dass meine lebenslangen Wahrnehmungen, die ich oft als Phantasie abgetan hatte, keine solche waren, sondern meine bereits natürlich veranlagte Sensitivität und Medialität. Darum hatte ich auch von Anfang an nie das Problem, etwas nicht zu sehen oder zu erspüren. Ich brauchte nur jemanden, der mir lehrte Engel, Geistführer und Verstorbene zu unterscheiden und wie ich mich bewusst energetisch, medial und sensitiv öffnen und schließen konnte, um stets gut geerdet zu bleiben.

Als ich einmal leicht erkältet war, legte ich mich am Vormittag, da ich alleine Zuhause war, auf das Sofa im Wohnzimmer. Ich hatte meine Hausarbeit bereits erledigt und wollte noch die Zeit nutzen, bevor meine Kinder aus der Schule nach Hause kamen, um mich auszuruhen. Ich bin ganz leicht eingeschlafen, als ich durch mehrere Stimmen, die aus der Küche zu kommen schienen, wieder geweckt wurde. Männliche und weibliche Stimmen, die miteinander redeten. Anfangs bin ich erschrocken, hatte ich denn die Haustüre nicht verschlossen, oder wäre mein Mann schon nach Hause gekommen und spricht mit jemandem? Ich hörte besser hin, wollte sogar aufstehen und dann wurde es wieder leiser. Ich dachte, ich hätte mich wohl getäuscht oder geträumt, aber während ich darüber nachdachte und liegen blieb, hörte ich diese Gespräche wieder, die auch nicht von draußen kamen. Es war auch kein Radio an und der Klang dieser Stimmen war weicher und sanfter, dennoch stark und nicht zu überhören. Jedes Mal, wenn ich bewusst hinhörte, wurde es leiser, wenn ich weghorchte wieder lauter. Ich lauschte intensiv und sah geistig eine ältere Frau und zwei Männer, die sich unterhielten. Ich sah sie medial durch meine Hellsicht mit offenen Augen in der Küche stehen und es war, als ob keine Wand zwischen Wohnzimmer und Küche wäre. Als ich sie deutlicher wahrnahm, drehte die Frau ihren Kopf in meine Richtung. Sie alle nahmen auch mich war und verschwanden daraufhin augenblicklich wieder. Sie trugen Kleider aus längst vergangener Zeit.

Damals, als ich den Zugang zu meiner Medialität intensiv entdeckte und erfuhr, nahm ich abends im Bett liegend, regelmäßig viele Wesenheiten wahr, die um mein Bett standen. Ich konnte sie genau beschreiben, aber nicht mit ihnen kommunizieren. Dabei hatte ich oft das Gefühl, mein ganzes Bett würde wackeln.

Ich kann mich auch noch gut daran erinnern, dass ich eines Nachts wach wurde und mich gewundert habe, warum über meinem Körper etwas leuchtet und meine Füße nicht zugedeckt waren. Ich sah verschiedene Lichter über meinem Körper und ein Licht über meinem Herz fing an, schneller zu flackern. Plötzlich spürte ich auch körperlich, dass mein Herz schneller schlägt und wurde dadurch wach. Gleichzeitig mit dem Gefühl, ich werde in meinen Körper hineingezogen. Angst stellte sich ein, denn ich hatte mich gerade von oben gesehen, schoss es mir durch den Kopf.

Ich war aus meinem Körper ausgestiegen und sah mich selbst von oben im Schlaf liegen, dabei leuchteten das mich umgebende Aura- und Lichtfeld und die dazu gehörigen Chakren wie bunte Ampelfarben in hellen, zarten Tönen.

Dies sind nur einige Erlebnisse von sehr vielen und ähnlichen Erfahrungen, die mich in dieser Zeit stets begleitet haben.

Nachts gehen wir oft unbewusst mit unserem Astralkörper (Anteil der Aura) auf Reisen. Dabei passiert eine Aufhebung von Zeit und Raum mit dem Gefühl der Loslösung vom Körper. Astralreisen kann man auch bewusst über Trance und Hypnose üben und erreichen. Das spürbare und ruckartige Zurückkommen in den Körper kann ein Zeichen dafür sein, dass wir im Traum auf solch einer Reise waren.

Wach auf

Morgens vor dem Wachwerden, wurde ich zur Anfangszeit meines Weges sehr oft und von außen her, durch eine fremde Stimme geweckt, die meinen Namen rief: „Regine wach auf!" Mit dem Gefühl, dass auch jemand neben meinem Bett stand, hörte ich es klar und deutlich, konnte aber niemanden erkennen. Ich fand zu dieser Zeit keine Erklärung dazu und konnte oft nicht unterscheiden, ob es ein geistiger Führer, ein Engelswesen oder ein Verstorbener gewesen ist. Auch abends wenn ich zu Bett ging, hatte ich immer wieder verschiedene paranormale Erlebnisse, so als würde sich jemand neben mich auf die Bettkante hinsetzen, wobei sich die Matratze an der Außenseite deutlich absenkte.

Einmal, nachdem ich den Teppich im Wohnzimmer gesaugt hatte und die Teppichfasern wieder aufgerichtet waren, entdeckte ich nachmittags, obwohl niemand im Haus war, ganz kleine Abdrücke von Kinderfüßen. Sie verliefen quer über den Teppich, so als ob gerade ein ein- bis zweijähriges Kind darüber gelaufen wäre. Von meinen Kindern konnten diese Abdrücke nicht mehr sein, denn sie gingen bereits in die Volksschule, hatten größere Füße und waren zu dieser Zeit gar nicht daheim. Viele solcher unerklärlichen Begebenheiten begleiteten mich ebenso in dieser Zeit.

Mein medialer Lehrer meinte dazu, die geistige Welt möchte mit mir mehr kommunizieren und ich sollte ihr sagen, was ich mag und was mir Angst macht. Sie mögen nur so zu mir sprechen, damit ich es auch verstehen kann.

Wenn ich mich bewusst öffne und sie darum bitte, ist es erlaubt, ansonsten solle ich ihnen klar und deutlich sagen, dass sie sich zurückhalten sollten, da ich ja auch mein normales Menschsein leben musste.

Ich konnte wunderbar mit meinem Regenbogenengel kommunizieren, aber bei anderen Seelen die ich wahrnahm, fehlte mir immer noch der richtige Zugang. Ich sah sie, verstand sie jedoch nicht, was sie von mir wollten. Manchmal hatte ich die vertraute Stimme aus meinem Himmel im Kopf, zu der ich aber noch kein richtiges Bild hatte, die sich später als mein Geistführer herausstellen sollte. So bewegte ich mich im Alltag zwischen Medialität und Sensitivität, Angst und Unerklärbarem und meinem normalen

Leben. Ich hatte stets das Gefühl, ich befinde mich an einem Grenzbereich in meinem Leben. An einer Weggabelung, von der ich nicht wusste, wohin sie mich führt. In dieser Zeit lernte und erfuhr ich immer wieder selbst, dass Übersinnliches ein Teil meines normalen Lebens ist.

Der Junge im Schloss

Eines Sommers, als ich mit meiner Familie im südlichen Raum Österreichs auf Urlaub war, besuchten wir gemeinsam ein altes Schloss. Wir folgten in einer kleinen Gruppe der Reiseführerin, die eine Schlossbesichtigung machte. Zuerst kamen wir an der kleinen Schlosskapelle vorbei. Die Führerin erzählte uns etwas über die Geschichte und den Baustil dieser Kapelle. Ich hörte nur mit einem Ohr zu, denn ich sah bereits neben dem Altartisch einen kleinen, blonden und sehr blassen Jungen stehen, der aufmerksam in unsere Richtung blickte. Ich wusste augenblicklich, dass er hier vor langen Jahren gelebt hatte und auch hier zuhause gewesen ist. Er musste daher auch als Kind gestorben sein. Ich hing meinen Gedanken etwas nach und insgeheim flehte ich meinen Regenbogenengel an, sollte dieser Junge den ich da sah keine Phantasie sein, sondern eine reale, verstorbene Seele, die hier wirklich einmal gelebt hat, so möge ich doch einen Beweis dafür erhalten. Anfangs zweifelte ich sehr oft an dem was ich wahrnahm und sah und vertraute so noch nicht ganz meiner Gabe.

Mit der Gruppe ging es weiter in die nächsten Räume. Hier konnte ich sensitiv viele alte Energien und Begebenheiten wahrnehmen und erspüren, jedoch anders, als bei diesem Jungen in der Kapelle. Wir stiegen einige Stufen hoch und als wir oben am Korridor ankamen, zeigte die Führerin auf ein großes, altes Bild, eingefasst in einem goldenen Rahmen, worauf ein keiner, etwa zehnjähriger und blonder Junge zu sehen war. Sie erzählte uns, dass dieser damals durch eine Erkrankung früh verstorben ist. Jetzt hatte ich meine Bestätigung dazu, dass sich dieser Junge, mir so klar und deutlich aus dem Jenseits, zu erkennen gab.

Durch solche Erlebnisse wuchs mein Vertrauen zu meinem Engel und zu seinen Botschaften. Mein Engel erzählte mir von den Unterschieden der energetischen Felder, die ich in anderen Räumen wahrgenommen hatte. Es waren Energiefelder vom Geschehenen der vergangenen Zeit. Sie hatten aber nichts mit einem echten medialen Jenseitskontakt zu tun. Diese feinen Unterschiede zwischen Medialität sowie sensitivem Lesen und Fühlen von Energien, musste ich noch mehr lernen und verstehen.

Nächtlicher Besuch

Dafür hatte mein Mann eine beweisbringende Erklärung. Es war Freitagnachts, wo ich zum Morgen hin in einem sehr realen, aber traumähnlichen Zustand eine Begegnung auf geistiger Ebene hatte. Während ich noch schlief, sah ich plötzlich ein männliches Gesicht vor mir. Auf dem Kopf trug er einen Hut. Diese Seele, wie ich jetzt erkannte, stand auch abends vor dem Einschlafen öfters an meinem Bettrand. Dieses Mal sah ich sein Gesicht, hörte deutlich den Klang seiner Stimme und jene Worte, die er zu mir sagte: „Du bist jetzt am Ende deines Lebensfilms angelangt und du wirst jetzt aus diesem Leben aussteigen." Ich hatte sofort ein beängstigendes Gefühl, so als ob diese Seele da wäre, um mich abzuholen.

Ich antwortete in dieser traumähnlichen Begegnung zu ihm, dass ich ihm nicht glauben würde, weil er ja lügen könnte und mir nur Angst machen wollte. Er lachte und verneinte bestimmt. Er wolle mir nichts Böses und ich solle ihm glauben, und das sei ja alles gar nicht so schlimm. Was meinte er jetzt wieder damit? Große Panik überkam mich. Er sagte, alles sei in

Ordnung und er gehöre irgendwie zu unserer Familie und er sei ein Verwandter meines Mannes, so etwas wie ein Onkel oder Großonkel. Sein Name sei Franz. Ich verneinte, denn ich wusste sogar in diesem traumähnlichen Zustand, dass es weit und breit in der Familie meines Mannes keinen Verwandten gab, der Franz hieß. Ich glaubte ihm daher nicht. Er lachte und sagte mir, ich solle nachfragen, er lüge nicht und so verschwand er im nächsten Augenblick wieder. Gleich darauf wurde ich wach und konnte das Erlebte nicht vergessen.

Danach konnte ich nicht mehr einschlafen, denn an diesem Tag wollte ich alleine in die Stadt Einkaufen fahren. Ich wusste, ich würde heute und die nächsten Tage keinesfalls in ein Auto steigen, um irgendwo hinzufahren, denn ich hatte große Angst dabei einen Unfall zu haben und zu sterben. Ich interpretierte seine Nachricht nur negativ, denn in letzter Zeit waren meine Nerven mit all meinen medialen Erlebnissen sowieso schon überstrapaziert. In meinem Hinterkopf auch immer wieder die Zahl Mitte Dreißig, die mir vor meinem Leben auf Erden, gezeigt wurde. Ja, in dieser Phase befand ich mich gerade und das beunruhigte mich umso mehr.

Gleich nachdem mein Mann aufwachte, erzählte ich ihm von diesem nächtlichen Besuch. Zu meiner Überraschung wusste er sofort, wer das war. Er hatte nur einen anderen Nachnamen, weil der Großvater meines Mannes adoptiert wurde und unseren heutigen Namen erhielt. Großonkel Franz, seine Frau lebte damals noch und war bereits um die 90 Jahre alt. Mehrmals pro Jahr hatten wir Kontakt zu dieser Großtante und sie telefonierte liebend gerne mit mir. Wir sprachen auch oft über das Sterben, das Jenseits und was wohl danach sein würde. Ja, der einzigste Franz, weit und breit in dieser Familie und schon vor langer Zeit verstorben. Genau er war es, der mich in dieser Nacht aufsuchte, warum weiß ich bis heute nicht. Jedenfalls ein Erlebnis, das ich niemals vergessen konnte.

Ich blieb an diesem und die nächsten Tagen daher zu Hause. Es klang in meinem Kopf noch immer der Satz, ich werde aus meinem Lebensfilm aussteigen und das verstand ich ganz und gar nicht.

Von da an dauerte es nicht mehr lange, bis in mir die Idee reifte, mich im feinstofflichen und medialen Bereich selbständig zu machen. Diese stille Entscheidung in mir, ließ mich von da an nicht mehr los. Heute glaube ich, dass es das war, was er damit gemeint hatte, denn rückblickend hat sich von diesem Zeitpunkt an mein ganzes Leben grundlegend verändert. Ich hatte das Gefühl, meine ganze Vergangenheit in einem Stück abzustreifen. Was blieb, war nur meine Familie an meiner Seite. Auch viele Freundschaften zerbrachen in dieser Zeit völlig unbegründet.

Der Engel auf den Schienen

Einmal, spätabends als ich zusammen mit meiner Familie im Auto vom Kinobesuch auf dem Nachhauseweg war, sah ich von der Beifahrerseite aus auf den darunter liegenden Bahngleisen, aber doch in gewisser Entfernung, ein wunderschönes weißes und lichtvolles Engelwesen sitzen. Für einige Sekunden, wo ich meine Aufmerksamkeit darauf richtete, in dieser kurzen Zeit, die mir jedoch als sehr lange und klar vorkam, spürte ich Gefühle von Verzweiflung und Traurigkeit, die ich nicht einordnen konnte. Dieses Lichtwesen war ungefähr zwei Meter groß, leuchtete lichtvoll und sehr präsent in reinweißer Farbe. Mit einem unguten Gefühl im Bauch und der Unglaubwürdigkeit meiner Familie, wurde ich meiner Wahrnehmung wieder unsicher und schob meine Gedanken flugs beiseite. Ich hatte das Gefühl, als würde hier auf den Bahngleisen sogleich etwas Schlimmes passieren.

Zweifelnd an meiner Wahrnehmung fuhren wir weiter nach Hause. Leider mussten wir am nächsten Tag alle erfahren, dass sich an diesem

Platz kurze Zeit später wirklich ein trauriges Unglück ereignet hat. Im Nachhinein wurde mir auch bewusst, dass bereits der Schutzengel dieses jungen Mädchens an jenem Platz verweilte, um an der Seite seines Schützlings zu sein und ihre Geistseele von dieser Welt abzuholen.

Die Gefühle, die ich über den gesichteten Engel wahrnahm, waren bereits die verzweifelten Gefühle des jungen Mädchens. Es gibt so viele Dinge, die wir uns einfach nicht erklären können, aber sie passieren dennoch.

Mein Engel lehrte mich von Anfang an

Botschaften meines Engels

Erste Botschaft

„Du siehst das Leuchten und die Umrisse der Menschen, ihre Energie, ihr wahres Wesen und sie sind alle so viel mehr als ihr Menschenkörper. Ich werde dir in nächster Zeit über den Zufall Bücher zukommen lassen, wo du vieles darüber lesen kannst und ich werde dir Menschen schicken, die dir dein Wahrgenommenes und Gesehenes bestätigen.

Ich werde dir nachts Träume zukommen lassen, die keine sind, sondern sie sind Lehren und Schulungen der geistigen Welt. An einige solcher Träume wirst du dich erinnern, einige wirst du im Unterbewusstsein abspeichern und vergessen. Ich werde über die Jahre hinweg deine Energie anheben, denn auch die Erde wird sich enorm verändern. Die Schwingung der Erde nimmt zu, das Gute wird wachsen und sich schnell verbreiten. Menschen wie du werden dir begegnen und sie werden wie du die geistige Welt erkennen. Sie werden fühlender, sehender, sensibler und emphatischer. Aber auch die Dunkelheit, der Schatten, das Böse wird beginnen, sich zu erheben. Jede Seele und jeder Mensch der Liebe, Frieden und Heilung stiftet, wird gebraucht. Lasst euch auf uns ein, erkennt eure Gaben, erkennt die irdische feinstoffliche Welt und verbindet sie. Ich als dein Schutzengel schicke dich voraus, suche Menschen, deren Liebe zu unserer lichtvollen Welt erweckt werden kann und lasset uns, die lichtvolle Welt und ihr Menschen auf der Erde, gemeinsam in Verbundenheit in eine neue Zukunft gehen.

Leuchte, dass du gesehen und gehört wirst, leuchte und bringe andere Menschen zum Leuchten. Leuchtet gemeinsam strahlend hell und lebt für die Liebe, die Ehrlichkeit, die Menschlichkeit und den Frieden auf Erden.“

Zweite Botschaft

„Arbeite mit den Menschen, biete Seminare an, gründe Gruppen, vernetze die Menschen, erzähle ihnen von deinem Weg und öffne ihre Herzen. Entzünde das göttliche Licht in ihnen und wir jubeln in der Freude, dass das Gute und das Licht des höchsten Schöpfers jemanden zurückgewonnen hat. Bei eurer Geburt wird ein Schleier über eure Erinnerung gelegt um die Chance und die Möglichkeit zu haben, zu lernen und zu wachsen.

Ihr müsst euch an die Erde gewöhnen, vollkommen einzutauchen in die dritte Dimension um genau diese Erfahrungen zu machen, Gute und Schlechte. All das formt euch, all das Erlebte prägt euch. Erst wer Leid und Schmerz erfährt, kann wahrlich sein Herz öffnen, andere Menschen verstehen, Mitgefühl entwickeln und in den Dienst der geistigen, göttlichen Welt treten. Finde die Menschen, erwecke ihre Herzen und die Liebe, die bei ihnen zurück kommt. Verbindet die Welten wieder untereinander. Verbindet eure Welt mit unserer Welt. Habt Mut, habt Vertrauen. Entzünde bei den Menschen das Licht der Hoffnung, das Licht der Demut und der Dankbarkeit, das Licht des Vertrauens, der Freude, des Wohlstands aber auch der Mäßigung, das Licht der Weisheit und Gerechtigkeit, das Licht des Friedens.

Aber vor allem entzünde an ihnen den Glauben an uns, das Licht des Glaubens an die göttliche Quelle, die Ebene des Lichtes und der Liebe. Karmisch dockt ihr an das Leben an, das wichtig ist für die nächste Lektion eures Seelenplans. So werden eure Schleier, euer Vergessen von eurer wahren Heimat von euch abfallen und ihr beginnt zu erwachen. Ihr beginnt alle bewusster zu werden, hinzuschauen, euch und die gesamte Welt zu erkennen. Erkennt, dass eure Seelen Seelenverträge im Gepäck dieser Inkarnation mittragen. Erkennt, dass ihr das Spiel des Lebens spielt, hier auf eurer Welt, eurer Erdenschule. Aber unser Geleit aus der geistigen Welt und eurer Heimat ist immer an eurer Seite."

Unsere Aura – unser Energiefeld

So lehrte mich mein Engel von Anfang an. Er beschrieb mir die Energie- und Aurafarben der Menschen und was diese zu bedeuten haben. Er führte mich, wie und wo ich meine Hände am Körper auflegen sollte, wie sich Energieblockaden anfühlen und so fand ich über die Zeit mein eigenes, inneres Wörterbuch dazu. Menschen, die sehr ängstlich oder traurig waren, hatten viele dunkle Braun- oder Grautöne in ihrer Aura. Glückliche Menschen, die auch körperlich sehr gesund und vital waren, trugen in ihrer Aura vielfarbige und bunte Farben mit sich. Verliebte Menschen waren umgeben von rosafärbigem Licht, begleitet mit dem Gefühl von Liebe und Romantik und ich sah auch kleine Herzchen darin herumschweben.

Menschen mit einer roten Aura sind gut auf ihre Gegenwart gerichtet, lebenslustig, voller Energie und innerem Antrieb. Eine blaue Aura umgibt Menschen, die in ihrem inneren Frieden ruhen, ehrlich, wahrheitsliebend und großzügig sind. Sie wirken nach außen hin inspirierend. Bei violetten Menschen, deren Farbe sich auch mit Blau und Purpur vermischen kann, erkenne ich, dass sie mit dem Göttlichen tief verbunden sind und eine sehr spirituelle Veranlagung haben. Ich nenne sie oftmals alte Seelen aus Atlantis oder anderen Hochkulturen. Sie sind offen für bedingungslose Liebe und wollen den Planeten Erde zu einer besseren Welt machen. Sie wirken wie Missionare und tragen mediale Fähigkeiten in sich. Viele davon haben eine gute Verbindung zum Höheren Selbst. Eine goldene Aura vermittelt mir ein tiefes Verständnis von Menschen zu ihnen selbst, tief verbunden und entwickelt in ihrer Weisheit und sie schwingen in einer hohen Frequenz. Türkisfärbige Menschen leben für die Wahrheit und sprechen das auch aus. Sie sind gut in der Kommunikation, gute Lehrer, einfühlsam und fürsorglich.

Ich übte unaufhaltsam und lag mit meinen Wahrnehmungen meist richtig, besonders wenn ich mit den Menschen sprach und sie mir ihre Gedanken und Gefühle mitteilten. Ich musste lernen, all das Wahrgenommene zu kombinieren, ohne etwas eigenes, unsere genormten Vorstellungen, Dogmen oder Limitierungen, Glaubens- oder Erziehungssysteme hinein zu interpretieren.

Die Aura eines Menschen spiegelt den körperlichen, geistigen, emotionalen und spirituellen Zustand wider. Dazu gehören die sieben Hauptchakren am Körper, die mit den sieben Auraschichten in Verbindung stehen. Unser umliegendes und unsichtbares Energiesystem besteht demnach aus der Aura, den Chakren und dem Meridiansystem. Kurz stelle ich dir die sieben Auraschichten vor. In den verschiedensten Fachbüchern findest du ebenfalls gute Beschreibungen dazu.

Die sieben Auraschichten

1. Auraschicht – Physischer- oder Ätherkörper

Sie leitet unsere körperlichen Empfindungen und ist das dichteste Feld, auch bekannt als Feld unserer Lebensenergie wie Chi und Prana. Sie liegt im Bereich bis zu 12 cm eiförmig um unseren physischen Körper und steht in Verbindung mit dem Wurzel- und Sakralchakra.

2. Auraschicht – Emotionalkörper

Diese Schicht leitet unsere Gefühle und steht in Verbindung mit dem Sakral- und Solarplexuschakra. Sie liegt im Bereich zwischen 15 und 20 cm vom Körper entfernt. In dieser Ebene sind alle Erinnerungen an unsere Vorleben und unser Karma wahrzunehmen.

3. Auraschicht – Mental- oder geistiger Körper

Diese Ebene, die zirka 20 – 30 cm vom Körper entfernt ist, leitet alle unsere Gedankenmuster. In dieser Schicht sind alle Erfahrungen des Lebens enthalten. Diese Auraschicht steht in Verbindung mit dem Solarplexus- und Halschakra.

4. Auraschicht – Astralkörper

Diese Auraschicht und der dazugehörige Aurakörper sind wie eine Brücke zwischen der körperlichen Schicht und unseren niederen Chakren, die uns mit dem körperlichen Leben verbinden und der spirituellen Schicht, die uns mit den höheren Chakren und unserem spirituellen Wesen verbinden. Es steht für die Liebe, Beziehungen und für das Herzchakra.

5. Auraschicht – Ätherleib und spiritueller Körper

Diese spirituelle Schicht leitet unseren höheren Willen und befindet sich in einer Entfernung von zirka 50 – 80 cm vom physischen Körper und stellt unsere fünfte Ebene dar. Diese Ebene repräsentiert unsere Persönlichkeit, den individuellen göttlichen Willen und den Lebensplan, unser Potenzial, sowie Erfahrungen aus allem Erlernten.

6. Auraschicht – Himmlischer Körper

Diese Ebene bezieht sich auf die gefilterten Gefühle und spirituellen Eigenschaften wie Mitgefühl, bedingungslose Liebe und das Vertrauen zu uns selbst. Besonders Meditationen und Atemübungen können den himmlischen Körper beleben und ihn hell erstrahlen lassen. Die Entfernung dieser Ebene kann bis zu 1,5 m betragen und sich feinstofflich mit den Energien aus anderen Dimensionen verbinden, z.B. mit unserer geistigen Führung und der Ebene der Verstorbenen.

In dieser Schicht erleben wir voller Inspiration das eigene Selbst. Es steht in Verbindung mit dem Stirn- und Kronenchakra.

7. Auraschicht – Kausalkörper

Als schützende Schale umgibt uns diese Ebene als besonders starke und widerstandsfähige Schicht. Sie steht in Verbindung mit dem Kronen- und Wurzelchakra, die sich im Gegensatz zu den anderen Chakren nur nach oben und unten öffnen. Sie verbindet den spirituellen Weg mit der universellen Energie. In dieser Ebene kann man sich global von Mensch zu Mensch verbinden und durch Meditationen grenzenlos ausdehnen, um Eins zu werden mit der Schöpferenergie. Weisheit und reine kreative Gedanken sind auf dieser Bewusstseinsebene zu finden und man kann über diese Ebene den sogenannten „Erleuchtungszustand" erreichen.

Der eigene Weg bricht hervor

Wer nichts weiß, muss alles glauben

Ich habe vieles gelernt, Ausbildungen besucht, meine Gabe weiterentwickelt und trainiert. Ich setzte mich mit Systemen und Religionen auseinander und musste meine eigene Wahrheit finden. Das geht nur, wenn man weltoffen ist, denn: „Wer nichts weiß, muss alles glauben!"

Ist das, an das wir glauben auch wirklich wahr? Ist diese Religion, in die wir hineingeboren wurden, wirklich die einzig Richtige? Ist irgendeine Religion Wahrheit? Gibt es mehrere Götter oder nur einen Gott? Und gehört dieser allumfassende Gott, unser aller höchster Schöpfer, unsere Quelle, unser Ursprung wirklich nur zu einer einzigen Religion? Warum sollte dieser einzige und wahre Gott nicht alle Menschen und Rassen gleich lieben?

Wir alle leben auf dem gleichen Planeten und tragen alle ein Herz in uns, für das Liebe und Frieden am wichtigsten sind. Niemand hat daher das Recht zu behaupten, seine Religion, sein System, seine Wahrheit seien nur das Wahre und einzig Richtige. Wir alle gehören gleichermaßen zu diesem großen Ganzen, beseelt mit dem unendlichen Schöpfergeist, dem Heiligen Geist, der alles Leben berührt, der auch in Bäumen, Pflanzen und der gesamten Natur und ebenso in anderen Universen und Planeten existiert.

Wir kommen aus der Quelle der höchsten Schöpfung und sind ebenso Schöpfer zugleich, indem wir unsere eigene Realität selbst erschaffen können. Wir formen mithilfe unserer Gedanken unsere Realität tagtäglich neu.

Alles was wir uns vorstellen können und in uns als Gedanke geboren wird, können wir in unserer materiellen Welt manifestieren und umsetzen. Wir können alle unsere Handlungen selbst bestimmen, denn der Geist herrscht über die Materie. Unser geistiges Bewusstsein herrscht also über unseren Körper und unsere Realität und nicht umgekehrt.

Gott entfaltete sich in der Schöpfung durch uns selbst. Wer bin ich oder wer möchte ich sein? Wie entscheide ich über mich und mein Leben zu denken? Denke ich mich groß, in Fülle und Glück oder klein, in Mangel oder Krankheit? Bin ich ängstlich oder selbstbewusst, oder führe ich gar ein Opferdasein?

Unser Unterbewusstsein hat leider keinen Sinn für Humor und kann Falsch von Richtig nicht unterscheiden. Egal was wir denken oder sagen, alles wird vom Unterbewusstsein wie verschiedenste Bausteine aufgenommen, mit dem es sofort beginnt zu arbeiten und abzuspeichern. Ganz nach dem Motto: „Was du säst, wirst du ernten!" Alle deine Worte, Gedanken und Taten legst du wie Samenkörner in den Erdboden deines Unterbewusstseins und sie können jederzeit in deinem Leben Realität werden. Darum ist es wichtig, das tägliche Bewusstsein, so oft es geht, positiv auszurichten. Unser Körper ist der heilige Tempel unserer Seele, unsere Herberge des geistigen, göttlichen Bewusstseins, solange wir auf Erden sind. Tagtäglich sind wir Schöpfer unserer Gegenwart und imstande unsere Zukunft zu kreieren.

Achte auf deine Gedanken, denn sie werden Worte.
Achte auf deine Worte, denn sie werden Handlungen.
Achte auf deine Handlungen, denn sie werden Gewohnheiten.
Achte auf deine Gewohnheiten, denn sie werden dein Charakter.
Achte auf deinen Charakter, denn er wird dein Schicksal.

(aus dem Englischen nach Charles Reade)

So fing ich 2006 an, mir eine Praxis einzurichten und von Zuhause aus mit Klienten zu arbeiten. Immer wieder kamen meine Klienten auf mich zu und fragten, ob ich auch Seminare abhalten könnte. So fing ich an Seminare über Erzengel, Channeling und Reikikurse anzubieten. Heute leite ich mehrere Übungszirkel in kleinen Gruppen zu Sensitivität und Medialität, sowie Seminare in den verschiedensten Bereichen meiner Tätigkeit.

Ich erkannte über die Jahre hinweg die Vorteile kleiner Trainingsgruppen, wo jeder Teilnehmer ausreichend zu Wort kommt, alle Fragen stellen und die eigene Meinung oder Situation miteinbringen kann. Es ist auch immer genug Zeit zum Trainieren und Üben verschiedenster Techniken und um auf die Wünsche der Teilnehmer individuell eingehen zu können.

Ich machte es mir zur Aufgabe, den Menschen Mut zu geben, versuchte sie im Herzen zu berühren, ihre Herzensweisheit über ihr geistiges Bewusstsein zu finden, Eigenverantwortung für ihr Leben zu übernehmen und sich selbst zu erkennen, dass sie geistige Wesen sind und ihren Seelen- bzw. Lebensplan, den sie bereits vor ihrer Geburt selbst kreiert haben, zu verstehen und anzunehmen.

Nun ging ich diesen neuen Weg, „meinen Weg", auf dem ich alle Eingebungen meiner geistigen Führung annahm und mich einfach führen lies. Ich begab mich auf eine Reise zu mir selbst und begleitete die Menschen ihr Leben neu zu gestalten, glücklich zu werden und ihr eigenes Leben voller Erfüllung zu Er-leben.

Und so hat meine Seele, aber auch die geistige Welt mich gerufen. Ich glaube, jede Seele wird gerufen, egal welchen Weg wir auch einschlagen. Wir tragen alle unsere Talente und Gaben in uns, unsere Vorherbestimmung und unseren Seelenplan. Eines Tages macht sich ein Gefühl in uns bemerkbar, das leise anfangen wird, uns zuzuflüstern, tief aus unserem Herzen. Anfangs überhören wir es, aber je leiser wir im Alltag werden, die Stille und Ruhe zulassen, uns für uns selbst Zeit nehmen und der inneren Stimme Gehör verleihen, desto schneller erreichen wir all unsere Ziele. Leidvolle Erfahrungen, aber auch Erfahrungen des Glücks, der Harmonie und Fülle gehören zu unserem eigenen Schicksal dazu. Ab dem Tag unserer Geburt folgen wir unserem Lebensplan, den wir lange zuvor in geistigen Ebenen gewählt haben. Das Leben ist für unsere Geist-Seele wie eine Schule und früher oder später werden wir alle mit der Frage über den Sinn des Lebens konfrontiert.

Je mehr ich mich persönlich weiterentwickelte und diese Dinge zuließ, die mich „gerufen" haben, desto mehr verschwanden die Disharmonien unter denen ich jahrelang litt.

Nach meinem letzten Reiki-Seminar, dem Lehrergrad, zeitgleich mit anderen Weiterbildungen in der Channeling- und Reinkarnationsarbeit, vernahm ich deutlich die tiefe, geistige Stimme in meinem Kopf und ein sonderbares, aber erleichterndes Gefühl, das plötzlich in mir hochstieg:

„Du bleibst hier auf Erden, das ist nun dein Weg. Habe keine Angst mehr!" Es fühlte sich so richtig an. Ein lange vermisster und verloren geglaubter Anteil kam wieder zu mir zurück. Durch diesen Satz löste sich meine Angst, mit einem gewissen Alter um die Dreißig zu sterben, wie von selbst in Luft auf. Und ja, etwas ist auf diesem Weg in mir wirklich gestorben und zwar ein Teil meines alten Ichs, das geprägt war von Dogmen und Limitierungen, wie ein Mensch nach der Gesellschaft zu sein hat und nach denen ich durch Erziehung und der Wahrheit meines Umfeldes solange gelebt und mich danach verhalten habe.

Früher folgte ich vielen traditionellen Vorstellungen, passte mich viel zu oft an die Gesellschaft an, tat Dinge, die ich gar nicht wollte und war überfordert, erschöpft und nicht wirklich bei mir. Zu oft erkannte ich nicht, wenn jemand meine Grenze überschritt, aus Angst vor dessen Reaktion.

In dieser Zeit fand ich den Weg zurück zu mir. Ich befreite mich Schritt für Schritt von anerzogenen und selbst erschaffenen Begrenzungen, die sich bei mir über die ganzen Jahre hinweg auf körperlicher, emotionaler und mentaler Ebene manifestiert hatten. Ich wollte nun Tag für Tag meinem wahren und authentischen Leben Raum geben. Ich wurde mir meines Selbst bewusst. Ich fing an zu erwachen. Ich wurde die, die ich immer schon war, so wie damals in meinem blauen Himmel.

Mein Gefühl und mein großes Interesse führten mich zielgerichtet dazu, weitere Ausbildungen und Seminare zu besuchen, meine Sensitivität und Medialität weiter zu entwickeln und bald mit Menschen arbeiten zu dürfen. Sie ein Stück ihres Weges zu begleiten, so wie meine Lehrer und Wegbegleiter mich begleitet haben. Jeder Abschnitt auf diesem Weg lehrte mich eine wichtige Lektion und noch heute bin ich für jede Begegnung dafür dankbar. Von meinem ersten Reiki-Seminar an dauerte es ungefähr vier Jahre, bis mir zufällig Menschen über den Weg liefen, die mir Mut machten, von meiner Arbeit begeistert waren und mir die ersten Klienten schickten.

So glaube ich an das Schicksal und wenn wir auf unsere innere Stimme hören, unsere Bestimmung uns auch „zu-fällt".

Damit wir auf diesen Weg gelangen, habe ich gelernt, dass wir wirklich tief in uns hineinhorchen und lauschen müssen und uns regelmäßig fragen sollten, was gibt uns Lebenssinn, Lebenskraft und Energie? Was bereitet uns wirklich Freude und wie würden wir leben, wenn wir nicht täglich in die Arbeit gehen müssten? Was bewundern wir an anderen und was geht uns selbst ganz leicht von der Hand? Bereits mit diesen Fragen kann dein Lebensplan in dir zu klingen beginnen und das Feuer der Begeisterung in dir auslösen.

Mein geistiges Heilerteam

Mein Geistführer Philipo

Nachdem ich über meine Hellsinne als geistige Führung nur meinen Regenbogenengel wahrnehmen konnte und in den ersten Jahren viel an meinen Klienten mit Handauflegen und Engelkontakten arbeitete, hatte ich mich damit abgefunden, einfach nur diesen einen, meinen Schutzengel zu haben und sehen zu können.

Es war an einem herbstlichen Wochenende, wo ich einen zweitägigen Workshop für Energiearbeit besuchte. Wir lernten dabei, wie wichtig die Natur und ihre Elemente für unser Wohlbefinden sind und wie man seinen feinstofflichen Lichtkanal noch verfeinern kann, um die Energie der Selbstheilung entsprechend zu verstärken. Am Nachmittag machten wir in der Gruppe eine geführte Meditation.

Ich sehe heute noch das innere Bild dieser Übung vor mir: Ein großes Segelschiff, das auf dem azurblauen, leicht welligen Meer unterwegs war. Wir sollten bei dieser Meditation besonders auf unsere Gefühle achten. Ich spürte grenzenlose Freiheit und Weite. Doch plötzlich, mitten in dieser Wahrnehmung, wurde ich aus meiner Meditation gerissen. Unangemeldet kam an meiner linken Körperseite ein enormes Hitzegefühl hoch. Da ich meine Augen noch geschlossen hatte, schob sich unaufhaltsam das Bild eines Mönches in einer braunen Kutte dazwischen. Eine naturfarbene Kordel hielt die Kutte um seine Mitte zusammen. Ich war völlig unvorbereitet, denn ich hatte nichts Besonderes erwartet.

Ich reagierte verwirrt, mitten im Meer auf einem Schiff, ein Mönch? Dieser fing an zu lachen und seine Präsenz konnte ich von Atemzug zu Atemzug stets intensiver wahrnehmen. Ich spürte, wie sich seine Energie über meine Wahrnehmung aufbaute. Über die Gefühle und meine

Gedanken fing er klar und deutlich an, mit mir zu kommunizieren und er begann einfach zu erzählen: „Das Schiff, das du während dieser Meditation wahrnimmst, entspricht deiner Phantasie. Deine Gefühle von Freiheit und Weite sind real, so wie ich. Ich weiß, du hast dir unter deinem Geistführer etwas Mystischeres und Einzigartiges vorgestellt. Aber ich bin der, der ich bin und grüße dich. Ich bin froh, dass du mich endlich wahrnimmst. Meine männliche Stimme, die du im Gefühl und in deinen Ohren hast, kennst du ja bereits dein ganzes Leben. Du bist in einer neuen Entwicklung und ich werde dich dabei führen und begleiten!"

Ja, da war er plötzlich und er ist seither immer an meiner Seite. Er erzählte mir oft über sein vergangenes Leben im Kloster, ein Land das an ein Meer grenzt, zeigte mir seinen Kräutergarten, eine alte Bibliothek mit viel Wissens und geheimen Schriften, sowie verschiedenen Landschaftsformen dieser Gegend. Noch gar nicht lange aus, wie ich mit einer Seminargruppe Kontakt zum Geistführer übte, fing er an, mir seinen Namen zu nennen und mir die Fragen zu beantworten, die ich meinen Schülern dabei stellte. Er zeigte mir eine seiner Lieblingsspeisen, die er zu Lebzeiten mochte und hielt mir trockene Kekse vor mein Gesicht und sagte: „Die habe ich so gerne gegessen, damals im Piemont." Jetzt wusste ich auch, woher sein Ursprung wirklich kam.

So trat „Philipo" in mein Leben. Dieser ursprünglich italienische Name bedeutet Liebhaber des Pferdes oder auch Pferdefreund (vom Altgriechischen ins Deutsche übersetzt). Über diesen Namen kurz nachgeforscht, symbolisiert er Liebe, Loyalität, die Bereitschaft zu geben und steht auch für Unabhängigkeit und Freiheit. So spiegelte der Name auch das von mir wahrgenommene Gefühl, dass ich anfangs zu ihm hatte, wider. Heute nenne ich ihn Philos, der Freund, der Liebende.

Der Arzt aus der geistigen Welt

Nun hatte ich meinen Regenbogenengel an der rechten Seite und meinen Mönch aus dem Kloster zu meiner Linken. Wenn ich mit meinen Klienten arbeitete oder ein mediales Reading gab, waren sie stets mit Rat und Tat, immer zum besten Wohle meiner Klienten, zur Seite.

Einige Monate später gesellte sich bei meiner Arbeit ein weiteres geistiges Lichtwesen an meine Seite. Eindeutig zu erkennen, trug dieser Mann einen weißen Arztkittel und er fing bei meiner energetischen Heilarbeit an Klienten oder an mir selbst an, seine lichtvollen Hände im Energiefeld hin- und her- zu bewegen, so als ob er auf feinstofflicher Ebene in der Aura etwas neu ein- oder ausrichten wollte.

Um ihn besser kennenzulernen fing ich an mit ihm zu kommunizieren. Sein Name, den er mir nannte, war Dennis. Er erzählte von seiner Zeit als Arzt, wo er im 2. Weltkrieg bei der Marine stationiert war und im Alter von zirka 40 Jahren bei einem Bombenangriff auf dem Festland ums Leben gekommen ist. Er zeigte mir Bilder aus dem Land in dem er lebte und ließ mich an seinen Gefühlen teilhaben. Er nannte mir auch seinen Nachnamen. „Nenne mich doch einfach Dean. Du kannst mich immer rufen, wenn du meine geistige Unterstützung brauchst", sprach er zu mir.

Anfangs erschien er mir oft in meinen Träumen und war mir sehr vertraut. Viele Jahre lang begleitete er mich, bis eine Zeit kam, wo er sich etwas zurückzog und andere lichtvolle Geistwesen hervortraten.

Tranceheilung

Tranceheilung ist eine Form der Heilung, wo die geistige Welt über unseren Geist heilt. Bei meinen Ausbildungen durch englische Medien wurden diese Wahrnehmungen stets intensiver. Man nennt das in der

Medialität auch „Überschattung". Die lichtvolle geistige Welt, wie Engel oder Geistführer, verbinden sich ganz nah mit uns und übernehmen in leichter oder tiefer Trance unseren Körper. Ich als feinstoffliche Energetikerin und Medium begebe mich in solch einer spirituellen Heilersitzung in einen schwingungs-erhöhten Zustand für die geistige Welt und ich spüre deutlich, die Führung der lichtvollen Ebenen. Ob man dabei der Person gegenüber leicht die Hände auflegt, sie in das Aurafeld hält oder nur im Gegenübersitzen von Geist zu Geist, von Energiekörper zu Energiekörper fließen lässt, erzielt in wenigen Minuten oftmals die gleiche Wirkung.

Bei einer Tranceheilung werden verdeckte Emotionen und lange zurückliegende Disharmonien wieder liebevoll, in einer Art Reinigungsprozess, an die Oberfläche gebracht, um sie noch einmal kurzzeitig zu durchleben, diese anzunehmen und dann auch losgelassen werden können. Nach solch einer Sitzung passiert bei den Klienten eine feinstoffliche Schwingungserhöhung und sie fühlen sich anschließend leicht, befreit und zentriert in ihrer Mitte. Bei dieser Form der spirituellen Heilarbeit, die nur in Verbindung mit der geistigen Führung stattfindet, handelt es sich um eine Harmonisierung der Geistseele und des Aurafeldes, also nicht um einen Heilungsprozess im klassischen medizinischen Sinne.

„Disziplin und Vertrauen" in der Trance, sagte ein englisches Medium einmal zu mir, sind unumgänglich. Oder wie es eine andere, sehr begabte Lehrerin von mir ausdrückte: „Wer sollte besser das Energie- und Lichtfeld an uns reparieren können, als die geistige Welt.

Wir als Vermittler dieser feinstofflichen Lichtenergie, sind anfangs noch zu oft im eigenen Ego und möchten das Beste geben, blockieren so aber den natürlichen Heilfluss der geistigen Welt", erklärte sie mir weiter. Auch an mir selbst machte ich durch eine Verletzung positive Erfahrungen damit. Ich lernte zu dieser Zeit, dass es nicht der Heiler oder Energetiker ist, der heilt, sondern „ES" heilt. Der Spirit, unsere geistigen Helfer aus der göttlichen Quelle der höchsten Schöpfung, die alles beseelt durch die Kraft des Heiligen Geistes, unterstützen uns bei dieser geistigen und feinstofflichen Heilarbeit.

Über die Jahre hinweg kamen noch viele geistige Wesen auf mich zu. Meistens sehe ich sie schon Wochen vorher, ihre Gestalt, ihr Wesen und ihr Sein. Beim Einschlafen oder Aufwachen und auch nachts in meinen Träumen.

Esmiralda – eine weise Frau

Später kam eine Zeit, wo ich über Wochen hinweg immer wieder neben meiner alltäglichen Arbeit, wie in einem Tagtraum, eine sehr alte und sehr weise wirkende Frau wahrnahm. Es ist schwer zu erklären, was da genau vor sich geht. Meistens befinde ich mich bei einer Tätigkeit, wo ich sehr entspannt und relaxt bin. Beim Spazierengehen, wenn ich koche, beim Lesen, Musik hören oder Ähnlichem.

Wochenlang zuvor sah und nahm ich diese ältere Frau schon wahr, wie sie an einem alten Holztisch sitzt, wo sie die Karten legte bzw. „aufschlug", so ihre Worte. Ich konnte sogar erkennen, welches Kartendeck sie benutzte. So meldete sie sich immer wieder und ganz unerwartet im Alltag zu Wort. Einmal, als ich mich zu einer Meditation einstimmte, um mich auf eine energetische Heilarbeit vorzubereiten, ging ich in einen tiefen Trancezustand.

Da ich mich auch im Trancehealing ausbilden lies und auch gerne damit arbeite, fiel mir plötzlich ein Satz ein, den eine mediale Lehrerin von mir immer verwendet hat, um ihre Schüler anfangs damit zu unterstützen. Sie war ein beachtliches Trancemedium aus England und ich durfte viel von ihr lernen: „Bitte die geistige Welt zu dir, geistige Heilung aus dem Heiligen Geiste Gottes, über deinen Geist, zum Geiste des Klienten!"

Während ich da saß, eingehüllt in den liebevollsten Energien, die man sich nur vorstellen kann und ich in meiner Entspannung immer tiefer sank, gesellte sich unerwartet diese alte Dame neben mir und nahm ihren Platz ein. „Ich bin schon längere Zeit bei dir und das weißt du ja. Nur du nimmst dir nie die Zeit dazu, bei deinen Meditationen oder Channelings und Trancebotschaften mit mir in Kontakt zu treten. Also komme ich jetzt, wo du in deiner Ruhe und Entspannung bist! Nun ist es an der Zeit, all dein Trainiertes und Gelerntes zu stabilisieren und dein Eigenes daraus zu formen. Ich und viele aus der geistigen Welt werden dir mit Weisheit an deiner Seite stehen. Wir werden dich lehren und unterrichten. Gehe hinaus in die Welt und erzähle den Menschen von uns, den Engeln, den Geistführern, den Verstorbenen aus der jenseitigen Welt. Erwecke dadurch das göttliche Licht in ihren Herzen. Lasse sie wissen, dass wir viele erweckte Lichter auf der Erde dringend brauchen. Viele alte Systeme stehen vor einem unvermeidlichen, aber wünschenswerten Wandel. All das wird über die Zukunft von eurem Planeten entscheiden. Du bist jetzt da, wo die Geistwelt dich haben wollte. In dieser Energie stabilisiere dich und lasse dabei auch dein eigenes Leben nicht zu kurz kommen. Lasse Ballast und Unnötiges los, gehe in die Bereiche, welche immer schon für dich vorgesehen waren. Lasse dich vom Leben überraschen. Für dich ist gesorgt. Aus dem Reiche der bedingungslosen Liebe grüßt dich Esmiralda!"

Diese persönliche Botschaft von ihr hielt ich gleich voller Klarheit schriftlich fest.

George – ein weiterer lichtvoller Begleiter zeigt sich

George erschien mir wie in einem Tagtraum. Ich saß gerade in einem Reisebus, auf dem Weg in die Toskana und träumte mit offenen Augen vor mich hin. Während der Fahrt ließ ich die Landschaft, die ich durch das Fenster beobachtete, an mir vorbeiziehen, so auch meine Gedanken. Überraschend gesellte sich ein geistiges Wesen zu mir und ich spürte ein starkes Kribbeln am Rücken. Durch dieses blitzartige Gefühl, das sich bei mir einstellte, entstanden vor meinen Augen deutliche Bilder. Wenn ich etwas aus der feinstofflichen Welt sehe, ist das so, als ob sich ein Bild zwischen meinen inneren Bildern und der äußeren Welt, die ich ganz real sehe, hinein oder dazwischen drängen oder schieben würde.

Über meine stark ausgeprägte Hellfühligkeit öffnet sich über mein wahrgenommenes Gefühl eine Art mediale Tür, die daraufhin für mich die irdische und die geistige Welt miteinander verbinden, um so eine klare und stabile Verbindung herzustellen. Es kann auch gut sein, dass sich ein Duft wahrnehmen lässt, der zu diesem Zeitpunkt nicht logisch erklärbar ist, den nur ich riechen kann, andere die ebenfalls anwesend sind, überhaupt nicht.

So auch an diesem Tag auf meiner Reise im Bus. Ich spürte eine männliche Präsenz. Er war groß, um die 50 Jahre alt, wiederholte immer wieder seinen Namen „George" und sagte mir, er komme aus dem Norden. Er trug einen schwarzen Umhang, der Vorne, wo er leicht geöffnet war, mit einem Muster bestickt war. Das erinnerte mich an eine akademische Amtskleidung. Ich sehe ihn bis zum heutigen Tag, umgeben und hervortretend aus einer alten, wunderschönen Universitätsbibliothek.

Er sagte zu mir: „Ich bin an deiner Seite, um dich weiter zu schulen und zu lehren. Es heilt das Gesprochene, aber auch das geschriebene Wort. Beurteile du nicht selbst, ob das geschriebene Wort von dir auf der Erde gebraucht wird oder nicht, sondern schreibe. Du schreibst gerne und viel.

Seitdem du geboren bist, hier auf Erden, liebtest du Bücher über alles. Es ist eine Verbindung und eine Erinnerung aus früheren Leben, die sich schon lange in deinem Leben bemerkbar machte. Und sollte es auch nur ein Mensch sein, der damit auf Erden Hilfe, Mut und Bewusstsein für die eigene Seele bekommt, dadurch im eigenen Selbst erwacht und das ewig Göttliche auch nur erahnt, dann ist dadurch ein Stück mehr Frieden und Licht auf die Erde gebracht. Ich werde dich für längere Zeit begleiten und an deiner Seite sein.

Ist meine Arbeit aber erledigt, werde ich mich zurückziehen und anderen feinstofflichen Wesen der geistigen Welt Platz machen. Immer wenn ihr Menschen euch auf Erden weiterentwickelt, stehen euch neben euren lebenslang begleitenden Geistführern oder Schutzengeln, lehrende und wegweisende geistige Lehrer zur Seite. Ich bin ebenso einer von vielen. Ich grüße dich, aus der Quelle der höchsten Schöpfung."

Seither ist auch George ein Teil meines geistigen Heilerteams. Wenn bei mir ein neuer und für mich persönlicher Kontakt durch die geistige Welt entsteht, bleiben solche Worte unvergesslich in meinem Kopf eingebrannt. Ganz im Gegensatz zu meiner Arbeit als Medium, wo alle Botschaften, die ich in leichter oder tieferer Trance weitergebe, aus meinem Mund kommen.

Ich höre dabei selbst zu, wie ein Außenstehender und wenn ich in mein Tagesbewusstsein zurückkehre, ist fast keine Erinnerung mehr da, die sich nach Sekunden förmlich auflöst.

An solchen Tagen, wo ich sehr intensiven Kontakt zu meinen Geistführern habe, ist der Himmel blauer, das Gras grüner, die Bäume in der Natur mächtiger, die Blumen bunter, die Sonne heller und Frieden umschließt meine Welt.

Unsere lichtvollen Seelenbegleiter

Geistführer, Schutzengel, Engel, Seelenbegleiter und Lichtwesen. Jeder Mensch hat eine Art spirituellen Schutz und sie alle können uns wichtige Lehrer sein. Es sind lichtvolle Wesen, die uns zeitlebens begleiten. Einige begleiten uns von Geburt an, andere wiederum begegnen uns im Laufe unseres Lebens und entsprechend unserer Entwicklung.

Jeder Mensch hat mindestens einen Geistführer, aber auch mehrere Engelswesen ständig um sich. Geistführer zeigen sich oftmals als Schamanen, Indianer, Mönche, Philosophen und Schriftgelehrte aus griechischer und chinesischer Mythologie, aber auch Gelehrte aus dem alten Ägypten, sowie Heiler und Bewohner von Naturstämmen aus aller Welt. Diese können wiederum männlich oder auch weiblich sein. Geistige Führer können wir von früheren Inkarnationen her kennen und zeigen sich dementsprechend in ihrer Gestalt, oder wir kennen sie auch aus Zeiten zwischen unseren Leben und es ist wie eine Art Seelenverwandtschaft.

Zur Engelswelt die uns begleitet, gehören Schutzengel, Geburtenengel, Erzengel und Engel aus verschiedenen Hierarchien wie Seraphim, Cerubim, Throne, Heerscharen, Mächte, Gewalten und Fürstentümer. Engel begleiten uns, dem jeweiligen Monat und Tierkreiszeichen entsprechend, das ganze Jahr über und sogar jeder einzelne Wochentag wird von einem Engel regiert. Über die tatsächliche Anzahl der Engel gehen je nach Glaubenssystem die Meinungen auseinander. Wenn wir jedoch unseren Horizont etwas erweitern, finden wir in den verschiedensten Religionen und alten Kulturen viele Geschichten und Zeugnisse über Engel. Engel, der Name ist vom griechischen Wort „Angelos" abgeleitet und bedeutet „Boten des Göttlichen". Ich selbst bezeichne Engel gerne als lichtvolle Gnadenstrahlen Gottes. Strahlende, lichtvolle und übernatürliche

Geistwesen. Ich sehe Engel umgeben von wunderbaren, auraähnlichen Farbstreifen, in der Zartheit und Leichtigkeit von Aquarellfarben.

Sie sind Vermittler zwischen dem Göttlichen aus der geistigen Welt und uns irdischen Menschen. Ihre Energie fühlt sich immer liebevoll, beschützend und leicht an. Das Wissen um Schutzengel ist so alt wie die Menschheit selbst. Alle unsere lichtvollen Seelenbegleiter können jederzeit archetypisch eine Gestalt annehmen, um leichter von uns wahrgenommen zu werden. Wir müssen nur lernen, sensibler zu werden und die geistige feinstoffliche Welt als völlig natürlich zu betrachten. Bedenke, auch du bist ein geistig-göttliches Wesen in einem Menschenkörper. Deine wahre Heimat ist die geistige Welt. Achte auf die Zeichen, wenn sich die geistige Welt bei dir bemerkbar macht oder machen will!

Engel und Erzengel

Engel leben auf einer höheren Schwingungsebene und nur wenn wir die eigene Schwingungsfrequenz ändern, nehmen wir diese ätherische Ebene deutlich wahr. Engel können sich tagtäglich bemerkbar machen. Sie können uns in Träumen und Visionen begegnen. Viele Menschen spüren ihre Anwesenheit und manche hören sie sogar. Engel sind überall und wir dürfen sie jederzeit anrufen. Jeder Mensch hat seinen eigenen Schutzengel, der uns durch viele Inkarnationen begleiten kann. Er kennt uns in- und auswendig. Nachstehend möchte ich dir die sieben Strahlen und die dazu gehörenden Erzengel kurz vorstellen, um einen kleinen Einblick dafür zu bekommen.

Sie werden auch „überstrahlende" Engel genannt, weil sie die Aspekte des Menschseins überstrahlen, also über uns wachen und uns leiten. Sobald wir sie um Hilfe bitten, begeben sie sich als mächtige Lichtwesen an unsere Seite.

Jeder Erzengel hat seine eigene Aufgabe und Eigenschaft. Engel werden meistens mit Flügeln dargestellt, sie sind aber reine Lichtsubstanz und können sich als Wesen in der feinstofflichen Welt so schnell bewegen, wie wir Menschen unsere Gedanken wechseln können. Ihre Erscheinung, Form und ihre Schwingung können sie vorübergehend wechseln und an die gegebene Situation anpassen. Ihre einzigartige Aura und das sie umgebende strahlende göttliche Licht, sind eindeutige Erkennungsmerkmale. Erzengel sind die reinen, in der göttlichen Quelle existierenden Kräfte. Sie senden uns das Licht aus den höchsten Reichen und die göttlichen Tugenden in unser offenes Herz. Sie leiten, lenken, führen und schützen uns auf unserem Erdenweg. Die sieben Erzengel werden auch die sieben Mächtigen oder die herrlichen Sieben genannt.

Erzengel Michael

Sein Name bedeutet: „Wer ist wie Gott?"

Er ist der Engel des Schutzes, des Mutes, der Stärke, der Wahrheit und der Aufrichtigkeit. Michael wirkt auf dem blau-goldenen Strahl und wird oft mit einem Schwert, der Waage der Gerechtigkeit oder der blauen Flamme des Schutzes dargestellt.

Erzengel Raphael

Sein Name bedeutet: „Gott heilt" oder „Göttliche Heilkraft" und er sendet uns die Heilung durch das göttliche Licht. Er wirkt auf dem grünen Strahl und ist ein wunderbarer Heilbringer bei körperlichen, emotionalen und geistigen Beschwerden. Er bringt uns Freude und eine positive Einstellung zum Leben.

Erzengel Chamuel

Sein Name bedeutet: „Die Kraft des Herzens Gottes"

Seine Energie steht für Beziehungen und die allumfassende Liebe. Für ihn gibt es noch weitere Namensbezeichnungen wie Anael, als göttliche Barmherzigkeit beschrieben oder auch Haniel, dessen Bedeutung für Gottes Mildtätigkeit steht. Er wirkt auf dem rosafärbigen Strahl.

Er aktiviert unsere Herzenskraft und stellt friedvolle Harmonie in unserer Beziehung und Umgebung her.

Erzengel Gabriel

Sein Name bedeutet: „Die Stärke Gottes"

Er ist der Engel der Führung, der Vision, Inspiration und Propheterie. Oft wird er auch als Engel der Erkenntnis genannt. Er wirkt auf dem indigo- und weißfärbigen Strahl. Er unterstützt uns bei der Kommunikation und bei der Entfaltung unseres kreativen Potentials.

Erzengel Jophiel

Sein Name bedeutet: „Gottes Weisheit" und „Die Schönheit Gottes"

Er wirkt auf dem gelben Strahl und trägt die Eigenschaften der Weisheit, der Erleuchtung, des Erwachens, der Gnade und des Glücks mit sich. Das vollkommene Licht der Erleuchtung wird über Erzengel Jophiel durchgegeben.

Erzengel Uriel

Sein Name bedeutet: „Das Licht und das Feuer Gottes"

Er ist der Engel der Kraft und Energie, die uns antreibt. Seine Energie die auf dem purpur-goldenen Farbstrahl wirkt, bringt uns ebenso Ruhe und Frieden und beruhigt unseren Verstand.

Erzengel Zadkiel

Sein Name bedeutet: „Rechtschaffenheit Gottes"

Er wirkt auf dem violetten Farbstrahl, steht für Vergebung, Gnade und Toleranz. Er sendet uns das Licht der Transformation und Umwandlung, der Vergebung und Erlösung. Er hilft uns dabei alte Muster zu lösen und eine tiefere spirituelle Verbindung zu finden. Er verwandelt dichte, negative Energie in positive Energie.

Es gibt viele Systeme und Ordnungen zu den sieben Erzengelkräften. Ich gebe sie in diesem Buch so weiter, wie es mir von meinen Lehrern und dessen Lehren vermittelt wurde. Aber jeder sollte mit seinen vertrauten Systemen arbeiten. Wichtig ist, sich mit der eigenen Kraft gut mit der Engelswelt verbinden zu können.

Das Schicksal verschont auch mich nicht

Der Tod gehört zum Leben dazu

Von Kindheit an erlebte ich wie alle paar Jahre ein nahestehender Verwandter meiner Eltern, auch oftmals sehr jung, verstorben ist. Später als ich etwas älter war, nahm ich den Tod und das Sterben sehr sensibel wahr, wurde ebenso oft und in kurzen Abständen damit konfrontiert, wie liebe Menschen für immer von uns gehen mussten. Ich machte mir viele Gedanken darüber und fühlte mich der geistigen Welt immer sehr nahe.

Als ich bereits Energetikerin war, kam der Tod meines Vaters unerwartet und schnell, nur fünf Jahre später mein Bruder im Alter von 50 Jahren. Ein Jahr zuvor, machte ich selbst eine tiefgreifende Erfahrung dazu. Als ich mit meinem Mann das Grab meines Vaters besuchte, meine Konzentration auf dessen Bild und die Inschrift lenkte, fragte ich mich plötzlich selbst, wie es einmal sein wird, wenn meine Mutter nicht mehr da und sie ebenfalls neben meinem Vater begraben wäre. Ich verfiel für einige Sekunden in eine Art Tagtraum. Vor mir verschwand die Inschrift des Grabsteins und ich sah vor meinem geistigen Auge eine Schrift aufleuchten und konnte dabei den Namen meines Bruders mit einer Jahreszahl sehen. Blitzschnell und erschrocken riss es mich aus meinen Gedanken und Angst stieg in mir hoch.

Sogleich fing ich an, mich gedanklich mit meinem Geistführer zu unterhalten und ich fragte ihn, ob das auch stimmen würde, was ich da gesehen hätte. Leider bekam ich meine Frage bejaht, wobei ich die letzte Ziffer der Jahreszahl nicht mehr genau erkennen konnte. Sie unterschieden sich ohnehin nur ein Jahr voneinander. Ich war schockiert und ratlos, da mein Bruder zu dieser Zeit vollkommen gesund war. Spielte mir meine Medialität einen Streich? Ich erzählte diese Wahrnehmung meinem Mann, der mit mir am Grabe stand, hoffte und betete insgeheim zugleich, mein Bruder möge noch ein langes und gesundes Leben haben.

Ein Jahr danach nahm ich seinen 50. Geburtstag mit gemischten Gefühlen wahr. Leider bekam er kurze Zeit später unerwartete Probleme mit seinem Herzen. Die darauffolgenden Monate waren irgendwie merkwürdig, denn die behandelnden Ärzte spekulierten viel herum, was wohl die beste Therapie für ihn wäre.

Nach einem festgelegten OP-Termin in einem dafür untypischen Krankenhaus, wo dann der zuständige Arzt genau an diesem Tag trotz Terminvereinbarung gar nicht vor Ort, sondern auf Urlaub war, musste mein Bruder trotz Überweisung wieder 300 Kilometer zurück nach Hause fahren. Darauf hin und aufgrund der guten Werte meines Bruders entschied der Hausarzt, die Therapie mit seinen Medikamenten weiter zu führen. Ein Jahr später, bei der Kontrolluntersuchung könnte ja wieder über den weiteren Behandlungsverlauf neu entschieden werden.

Seit ich denken kann, hatte mein dreizehn Jahre älterer Bruder immer große Ängste vor Krankenhäusern. Dazu kam in dieser Zeit noch die Angst um seine eigene Gesundheit. Nach einem Krankenhausbesuch bat ich auf der Heimfahrt seinen Schutzengel, ihm beizustehen und ihn wieder gesund werden zu lassen. Am nächsten Tag rief mich mein Bruder aus dem Krankenhaus an und fragte, ob ich „Etwas“ gemacht hätte. Damit meinte er eine energetische Heilbehandlung über die Ferne. Ich verneinte seine Frage, erzählte ihm aber, dass ich seinen Schutzengel um Hilfe gebeten hätte. Dann erzählte er mir den Grund seines Anrufes: Nachdem ich das Krankenhaus am Vortag verlies und er noch liegend in seinem Bett verweilte, hatte er ein unerklärliches Erlebnis. Er sah seitlich durch seine Augenwinkel plötzlich ein weißes Lichtwesen oder Lichtgestalt, welche durch das geschlossene Krankenhausfenster von außen hindurch in sein Zimmer schwebte und direkt in seiner lichtvollen Gestalt in den Körper meines Bruders hineinfloss. Er nahm dies körperlich spürbar war. Als er sein Gesicht überrascht, aber bewusst diesem Licht zuwandte, verschwand seine Wahrnehmung wieder und er konnte diese Gestalt nicht mehr sehen. Sobald er seinen Kopf wieder abwandte und nach vorne schaute, konnte er das Lichtwesen mit seinen offenen Augen seitlich neben ihm wieder sehen und es strömte erneut in seinen Körper. Das passierte mehrmals hintereinander. Seiner Erzählung nach war es ein besonderes Gefühl von Sicherheit und Schutz, denn das Ganze dauerte nur einige Minuten und ihm kam dabei vor, als ob ihm jemand seine große Angst und Unruhe genommen hätte.

Nun wollte er von mir wissen, ob das etwas Gutes zu bedeuten hätte? Ich war überrascht von ihm, denn mein Bruder zweifelte in keinster Weise daran, dass es sich dabei um etwas sehr Spirituelles und Lichtvolles gehandelt hat. Das war für ihn ungewöhnlich, denn wir sprachen fast nie über solche Dinge. So beendeten wir auch das Telefonat, ich redete ihm gut zu, dass das Erlebte nur positiv sein kann, weil er sich danach auch so viel besser fühlte.

Mich machte das Ganze dennoch unruhig. Fast ein Jahr später, gänzlich beschwerdefrei, kurz bevor die jährliche Routineuntersuchung angesetzt war, verstarb mein Bruder völlig unerwartet durch einen Herzinfarkt. Das war eine sehr schwere Zeit für uns alle, besonders für meine Mutter. Für sie waren ihre Kinder und Enkelkinder immer das Wichtigste im Leben.
In den ersten zwei Wochen nach dem Begräbnis meines Bruders ereignete sich zudem noch eine sonderbare Begebenheit, die ich hier gerne erzählen möchte. Da meine Mutter um uns Kinder immer sehr besorgt war, wünschte sie sich auch, wenn wir auf Urlaub waren, uns regelmäßig telefonisch bei ihr zu melden. Ich rief aus dem Urlaub meistens zu verschiedenen Tageszeiten an. Mein Bruder regelmäßig in der Zeit vor dem Abendessen, so gegen 19 Uhr. Bereits ein paar Tage nach der Beerdigung meines

Bruders läutete ungewöhnlicher Weise, gerade um diese Uhrzeit am Abend, das Telefon bei meiner Mutter. Als sie den Hörer abhob, meldete sich niemand und die Leitung war still. Das ging mehrere Abende so weiter. Meine Mutter wurde jedoch von Abend zu Abend zunehmend nervöser, weil sie spürte, dass dies nicht normal sei und auch kein Zufall mehr wäre. Bis sie mich anrief und mich fragte, was ich darüber denke und sie ein komisches Gefühl dabei hat, weil es nur mit dem Tod meines Bruders zu tun haben könnte. „Ich glaube, dass er dir mit den Anrufen ein Zeichen geben möchte, dass es ihm gut geht, dass er in der jenseitigen Welt weiterlebt und ich glaube, er möchte dich trösten und es dir so beweisen", antwortete ich ihr.

So sprachen wir am Telefon darüber und sie bat mich, mit ihm zu sprechen, da ich mich auf diesen Ebenen ja besser auskenne, damit diese abendlichen Anrufe aufhören und sie würde daran glauben, dass er es sei.

Ich ermunterte sie, dass sie selbst mit ihm sprechen sollte und geistig und gedanklich möge sie ihm all ihre Gefühle mitteilen und ihm sagen, dass es für sie ein Beweis ist und sie an sein Weiterleben über den Tod hinaus glaube, und die Anrufe von nun an aufhören können.

Mit meiner Antwort war meine Mutter anfangs nicht einverstanden, aber ich wusste, sie bräuchte genauso eine Erfahrung, um Trost und Hoffnung dabei zu finden. Am nächsten Vormittag zündete sie eine Kerze an und sprach mit meinem Bruder. Und wie ich schon vermutet hatte, war von da an das Telefon am Abend ruhig. Im Nachhinein war meine Mutter sogar stolz, weil sie es alleine geschafft hatte, mit ihm zu kommunizieren und sogleich einen Beweis dazu erhielt. Dieses Erlebnis bestärkte sie positiv und sie zweifelte von nun an niemals mehr, dass sich mein Bruder in der jenseitigen Welt aufhält. Für mich war das ein paranormales Phänomen.

Ich wusste es aus den Erzählungen meiner Klienten, aber auch von einer Geschichte meiner Oma, dass sich Seelen auf verschiedenste Weise vor ihrem Tod hier auf Erden melden und verabschieden können. „Ein Seele meldet sich an", so sagte man früher. In einem Haus bleibt z.B. eine Uhr zur Todesstunde stehen, woanders fällt ein Bild von der Wand. Bei meiner Oma war es so, dass ihr Nachbar im Krieg gefallen war, aber es trotzdem bei ihr zu seiner Todeszeit mehrmals an der Haustüre klopfte und er sie mit ihrem Vornamen rief, ob sie denn zuhause sei. Als sie die Tür öffnete, stand aber niemand davor. Später erfuhr sie, dass er zu diesem Zeitpunkt bereits im Krieg gefallen war. Vier Jahre nach dem Tod meines Bruders verstarb leider meine Mutter ebenso unerwartet.

In ewiger Erinnerung

Oft musste ich erfahren, um meine Familie in der geistigen, jenseitigen Welt zu trauern und sie zu vermissen. Ich habe gelernt, dass Trauer eine Form von Liebe ist. Wer niemals liebt, wird auch nachher keine tiefe Trauer verspüren. Es ist wichtig, auch diese Form von Liebe zuzulassen. Trauer kennt viele Formen. Sie hinterlässt Leere, Hilflosigkeit, Hoffnungslosigkeit. Wir fühlen uns alleingelassen und verlassen. Dadurch erscheint uns oft das eigene Leben sinnlos. Anfangs sind wir schockiert, dann kommt eine Zeit der Verdrängung. Und trotzdem ist jeder Abschied ein Neubeginn. Es wird die Zeit kommen, alle diese Gefühle zuzulassen und das Geschehene anzunehmen. Dann erinnern wir uns, dass Liebe niemals endet und wir müssen niemanden loslassen, nur den gesamten Prozess und die Zeit, die dazu gehören, zulassen. Wenn unsere Lieben zurück in die geistige Welt gegangen sind, können wir sie körperlich nicht mehr so vertraut wahrnehmen, wie wir es gewohnt waren. Wenn wir aber in unsere Stille gehen, hinhorchen und unsere medialen Sinne dafür öffnen, wird das Jenseits mit all seiner Liebe und dem Licht spürbar. So können wir das Flüstern aus dieser Welt wahrnehmen.

Die schönsten und lustigsten Kontakte, die ich bei meinem Training zum Medium selbst erleben durfte, waren die mit meinem Bruder. Er war immer präsent, gut gelaunt und erlaubte sich bei den Seminaren auch oft ein Späßchen mit meinen Übungspartnern. Gerne zeigte er sich bei einem Jenseitskontakt sehr viel jünger, entweder in seiner frühen Jugend oder als Kind. Sobald mein Übungspartner mir gegenüber saß, spürte ich zugleich in welcher Form er sich zeigte. Viele meiner Übungspartner glaubten dann oft, ein Jugendlicher sei gestorben, oder er zeigte sich auch gerne in der Rolle des großen und beschützenden Bruders und diese Liebe, die er in diesem Moment ausstrahlte, brachte einige Kollegen, die zu ihm Kontakt hatten, sogar zum Weinen. Dadurch hielten sie ihn oft auch für eine Vaterfigur.

Bei meinen Weiterbildungen und Trainings zum Medium passierten solche und ähnliche Geschichten immer wieder.

Einmal, als ich eine Übungspartnerin zugewiesen bekam und ich Zweifel hatte, bei diesem Training nicht gut genug zu sein, kam sogleich mein Bruder an meine Seite und spielte meinem Gegenüber einen Streich. Er zeigte sich in kurzer Zeit in seinen verschiedensten Lebensjahren und seinem Aussehen dazu, verwirrte sie absichtlich, sodass sie mit ihrer Beschreibung und den Beweisen dazu vollkommen daneben lag. Meine Übungspartnerin wurde immer verwirrter, konnte nichts mehr erkennen, bis sie schließlich aufgab. Geistig bat ich meinen Bruder, er möge sich jetzt doch so bei ihr zeigen, wie er zum Zeitpunkt seines Todes aussah, was auch wiederum als Beweis für mich wichtig war und er möge sich jetzt anständig benehmen. Sobald meine Gedanken weggeschickt waren, glaubte meine Übungspartnerin ein anderer Verstorbener sei nun da und sie fing an, ihn ganz genau zu beschreiben. Seinen Beruf, Dinge die ihm Freude machten, gemeinsame Erinnerungen und letztendlich seine genaue Todesursache. Anschließend erzählte ich natürlich meiner Übungspartnerin, dass mein Bruder im Jenseits so etwas öfters macht und er anscheinend viel Spaß dabei hat. Auch ich bin immer wieder für solche Beweise dankbar, denn ich bekam im Leben schon sehr viele Hinweise aus der geistigen Welt und dennoch brauche ich sie immer wieder als Bestätigung für mich, dass diese Welt, von der wir so weit entfernt sind, auch tatsächlich existiert. Die geistige Welt lebt und ist voller Freude. Sie ist keine traurige Welt oder Ebene.

Eine leichte Übung um Kontakt mit der geistigen Welt aufzunehmen ist, einfach eine Bitte an einen lieben Verstorbenen zu richten, er möge doch seine Anwesenheit und Existenz beweisen. Man kann den Verstorbenen bitten und einladen, er möge zu einer bestimmten Tageszeit in der Nähe sein. Dann sollte man wachsam bleiben und beobachten, was man wahrnimmt. Eine andere Möglichkeit ist auch ihn zu bitten, sich im Raum über Lampen, Glühbirnen oder andere Elektrogeräte, bemerkbar zu machen. Ich bin mir zu 100 Prozent sicher, dass jeder, der aus dem Herzen um solche Beweise bittet, sie auch bekommt.

Wir dürfen unsere Lieben in der geistigen Welt vermissen, um sie trauern und sie weiterhin lieben. Sie dürfen auch weiterhin ein Teil unseres Lebens bleiben und bei jedem von uns kommt der Zeitpunkt, wo wir wieder leichter nach vorne in unsere Zukunft schauen und gehen können.

Wir dürfen mit ihnen sprechen und sie um Hilfe und Beistand bitten. Unsere Welten sind stets miteinander und durch die Liebe verbunden.

Leben und Lernen

Lichtvolle Wesen über das Jenseits hinaus

Vieles durfte ich in meinem Leben lernen und erkennen. Ich durfte meinen persönlichen Weg zu Gott entdecken und finden. Ich zweifle keine Minute an seine Existenz. Ich durfte mich selbst in vielen Facetten und Lebenssituationen wahrnehmen, kennenlernen und erkennen. Ich liebe das Leben mit all seinen Erfahrungen. Ich sehe oft Einblicke meiner Zukunft, Situationen die ich erleben werde, aber dennoch zeigt mir das Schicksal nicht alles, worüber ich auch sehr froh bin. Glaubt man den geistigen Gesetzen, so hat jeder Mensch durch seinen selbst angelegten Lebensplan und über eine höhere Weisheit selbst bestimmt, gewisse Erfahrungen und Gefühle erleben zu dürfen. Dies ist die Summe aller Ursachen, die uns dann zu bestimmten Folgen führen.

So machte auch ich noch eine weitere tiefgreifende Erfahrung, während ich mit dem Schreiben dieses Buches begonnen habe. Die geistige Welt gab mir in dieser Zeit stets das Gefühl und Hinweise, dass bei mir in naher Zukunft ein Erlebnis, eine Grenzerfahrung oder ein spezieller Lebensabschnitt bevorstehen oder stattfinden würde. Ich war damals schon mehr als zwölf Jahre selbständige Energetikerin und schritt langsam aber sicher auf die Fünfzig zu. Zu dieser Zeit sah ich immer wieder Bilder vor meinem geistigen Auge ablaufen, so als ob etwas Schlimmes mit mir selbst passieren würde und es überkam mich regelmäßig das Gefühl, mich in der Zukunft nicht mehr wahrzunehmen oder gar nicht mehr hier zu sein.

Normalerweise bin ich ein sehr zukunftsorientierter und strukturierter Mensch, der immer Pläne und Zukünftiges in seinem Kopf hat, stets Ziele vor mir liegen, auf die ich mich dann zubewege. Damals war es aber so, dass ich meine eigene Zukunft nicht mehr sehen oder erspüren konnte. Es war eine Zeit und eine Phase des Stillstands, die ich überhaupt nicht verstand. Wenn ich zufällig etwas über Nahtod- oder Grenzerfahrungen las oder hörte, spürte ich die Anwesenheit meines Geistführers enorm stark und hörte ihn auch klar und deutlich in meinen Ohren. Ich bekam innere Bilder und Gefühle, so als ob ich selbst schon bald in eine solche Erfahrung zwischen Leben und Tod kommen sollte. Ich bekam Angst, machte mir Sorgen um meine Familie und wollte sie vor so einer Situation unbedingt schützen und fernhalten.

Wenn ich mit dieser Art von Vision überrascht wurde, bat ich aus tiefstem Herzen heraus, doch vor einer solchen Situation verschont zu bleiben. Ich verdrängte diese Botschaften immer wieder, konzentrierte mich auf meine Arbeit, besuchte einen Schreibworkshop und wollte unbedingt mein eigenes Buch schreiben.

Einige Monate später hatte ich einen Termin für einen kleinen Veneneingriff. Eine ambulante Behandlung bei einem namhaften Venenarzt stand bevor. Ich hielt mich genauestens an die Anweisungen der Ärztin, die mir zudem versicherte, dass für diesen Eingriff keine Thrombosespritze notwendig sei und bewegte mich ausreichend. Leider kam es nach einer Woche zu Komplikationen. Ich bekam eine Venenthrombose, begleitet von einer schweren Lungenembolie.

Schon am Morgen dieses Tages fühlte ich mich schwach und unwohl zugleich. Mein Pulsschlag erhöhte sich von Stunde zu Stunde, mein Blutdruck fiel ab und ich hatte ein leichtes Brennen hinter dem Brustkorb. Zuerst glaubte ich krank zu sein oder mein Kreislauf spiele verrückt. Nach Aufsuchen des Notarztes und sofortiger Einweisung ins Krankenhaus machte ich wieder Bekanntschaft mit einem neuen Geistwesen, das mich damals eine Zeitlang begleitet hat.

Bereits zwei Nächte zuvor hatte ich eigenartige Träume, die sich wie „Warnträume" anfühlten. In der ersten Nacht träumte ich, von einem Hund durch eine Glastür hindurch in meinen Fuß gebissen zu werden. Im zweiten Traum befand ich mich in einem Krankenwagen, der mit Blaulicht dahin raste. Ich hatte dabei das Gefühl, dass mir die geistige Welt damit etwas zeigen wollte, konnte es aber nicht deutlich genug verstehen.

So lag ich Sonntagabends, kurz vor Weihnachten, auf der Intensivstation. Mein Herz pumpte, so als ob ich gerade einen Bergmarathon laufen würde und ich bangte aufgrund der diagnostizieren Lungenembolie um mein Leben.

In dieser Nacht fand ich mich auch damit ab, dass, wenn ich einschlafen sollte, ich vielleicht niemals mehr erwachen würde. Ich dachte über mein bisheriges Leben nach und war froh, schon früh Mutter geworden zu sein und meine Kinder lange Zeit begleiten durfte. Ich habe auch immer versucht jeden Tag in meinem Leben so zu leben, als wäre es mein Letzter und nie etwas verschoben, sondern immer versucht, alles zu leben und zu erleben. Das Wunder Erde kennenzulernen, in all ihrer Schönheit und Vielfalt. Dann ließ ich irgendwie los, bat darum Weiterleben zu dürfen, legte jedoch in dieser Nacht mein Leben in Gottes Hände.

Wenn ich hierbleiben darf, werde ich wie bisher meinen spirituellen Weg weitergehen und den Menschen durch Jenseits- und Geistführerkontakte versuchen, die geistige Welt zu beweisen und sollte meine Zeit vorbei sein, werde ich es dankbar für die Jahre die ich Hiersein durfte, akzeptieren.

So schloss ich in dieser Nacht meine Augen, aber an Schlafen war nicht zu denken. Ich beobachtete mit meinem inneren, sensitiven Blick meine Aura. Normalerweise nehme ich sie wie eine Lichtkugel wahr, ein Lichtei mit bewegten, herumschwirrenden Symbolen, Farben, Emotionen und Gedankenformen, die ich von den verschiedenen Ebenen der Aura her kenne. Umgeben mit einem äußeren Rand, einem Bereich reinen Lichts, göttlichen Spirits und Schutzes. In dieser Nacht sah meine Aura jedoch vollkommen anders aus. Mein Herzchakra war nur tiefschwarz und wirkte auf mich wie eine tote, leblose und schwarze Sonne mit harten Spitzen, die irgendwann einmal geleuchtet haben und dessen Licht nun erloschen ist. Die Form meiner Aura schien auf meiner gesamten linken Seite eine Art „Riesenloch" zu haben. Sie sah aus, wie ein bunter Fluss aus pastellfarbenen Lichterbögen, die irgendwie wegzufließen schienen. In diesem färbigen Fluss befanden sich viele kleine und große, runde Lichterbälle, oder eine Art feinstoffliche Sphären, die ich nicht zuordnen konnte. Wunderschön, aber ich wusste, dass es nicht gut ist, wenn meine Aura wegfließt. Ich wollte mich keinesfalls darauf konzentrieren und mich darin verlieren. Es war wie eine Art „Tür" die offen stand. Ich hatte ein leises Gefühl in mir, dass ich selbst wählen konnte, ob ich gehe oder bleibe. Aber ich wollte unbedingt bleiben. Ganz tief in mir spürte ich, dass meine eigene Entscheidung sehr wichtig ist. Ich bat meinen Geistführer, die Engel und alle lichtvollen Begleiter an meine Seite, sie mögen doch meine Aura schützen, mir Kraft und Durchhaltevermögen geben und an meiner Seite bleiben.

Nach dieser ersten Nacht auf der Intensivstation und dem ersten Tag im Krankenhaus wurden meine Werte rasch besser und ich wusste, auch von den Ärzten bestens versorgt zu sein. Drei Tage später durfte ich die Intensivstation verlassen, wurde auf die normale Station verlegt und konnte bereits nach einer Woche das Krankenhaus verlassen. Zuhause angekommen, habe ich an mir selbst regelmäßig feinstoffliche und geistige Heilarbeit gemacht. Zweimal täglich nahm ich mir Zeit dafür und die hatte ich damals zur Genüge. Mein Herzchakra fing bereits nach einer Woche an, wie ein dunkles Mosaik aufzubrechen und Licht trat hervor.

Meine Aura hatte wieder einen schönen Rand, meine Energie blieb bei mir und oftmals hatte ich das Gefühl, dass eine Art Geistwesen oder Geistführer an meiner Seite ist. Dieses oder der waren neu für mich. Ich kannte das Gesicht und sein Aussehen nicht, es war mir völlig fremd. War es etwa jemand Verstorbener? Denn auf der Intensivstation habe ich einige Verstorbene wahrgenommen, die an der Seite ihrer Lieben waren, um sie abzuholen.

Neben mir lag damals, nur durch einen Vorhang getrennt, ein älterer Mann. Ich sah geistig seine verstorbene Frau, die nun an seiner Seite stand. Ich fühlte ihre Gefühle, wie sie bereits auf ihren Mann wartete und er schon bald in die jenseitige Welt hinübergehen würde. Sie war bereits da, um ihn abzuholen. Am nächsten Tag erzählte dieser ältere Mann dem Krankenpfleger, dass er im Betreuten Wohnen lebt, er aber alleine sei, weil seine Frau schon vor Jahren gestorben ist und sie keine Kinder hatten. Ich fand das sehr schön und tröstend, wieder einmal beobachtet zu haben, dass die Liebe Welten verbindet und dies lenkte mich von meinen eigenen Sorgen etwas ab.

Und dennoch, seit ich wieder Zuhause war, konnte ich nicht erkennen, wer da stets an meiner Seite ist. Es war kein Verstorbener, kein Geistführer oder geistiger Lehrer der mich nun begleitete. Bis ich dann meine Freundin bat, mir eine Hypnose zu machen, sodass ich meinen Verstand, mein Tagesbewusstsein ganz ausschalten und eine sehr tiefe Tranceebene erreichen konnte, die ich alleine und in meiner Genesungsphase selbst nie erreicht hätte.

Über eine Meditation führte mich meine Freundin in einen tiefen Entspannungszustand und ich sah ganz deutlich, diese doch eher jüngere, männliche Gestalt vor mir. Er sah sehr zerbrechlich aber vital aus, trug merkwürdige, silberfarbene Kleidung aus Materialien die mir unbekannt waren. Um seinen Hals lag ein hoher Stehkragen, nach unten sah sein Kleid wie ein Kegel aus, wobei man aber ein wenig von seinen Füßen erkennen konnte und es machte den Anschein, sein Körper wäre unter diesem Kleid in einer Art eng anliegendem Overall. Er kam mir zugleich vertraut und doch wieder fremd vor und stand immer dicht links neben mir, so als ob er mit mir verbunden oder verschmolzen wäre und dennoch eigenständig. Geistig fragte ich, wer er denn sei und warum er nun an meiner Seite ist? Ich spürte und sah, wie er mit mir sprach, konnte ihn aber in seiner Sprache nicht verstehen. Er zeigte mir Bilder und Formen, die anfangs keinen Sinn für mich ergaben. Plötzlich begann das färbige Gebilde einen Sinn für mich zu ergeben. Ich sah vor mir eine befruchtete Eizelle und er gab mir zu verstehen, dass er mir jenen Zeitpunkt zeigen möchte, Tage nach meiner Zeugung, wo die Zellteilung meines menschlichen Körpers bereits vonstatten ging. Ich sah, dass das Entstehen eines Menschenkörpers etwas Heiliges ist, unbegreiflich und von etwas Höherem geleitet. Ich bekam das Gefühl, dass Geborenwerden und Sterben fast der gleiche Vorgang sind.

Ich konnte nun auch seine Stimme hören und lauschte seiner Erzählung: „Ich bin an deiner Seite, seit deiner ersten Nacht, als du im Krankenhaus gelegen bist und Angst hattest, zu sterben. Weißt du noch? Du hast über dein bereits gelebtes Leben nachgedacht und viele wichtige Erfahrungen dabei gemacht, die du machen musstest. Sie sind wichtig für dich und dein Leben. Du hast Gott und der gesamten lichtvollen Schöpfung vertraut. Dieses Erlebnis, wie du schon geahnt hast, war bereits in deinem Zellbewusstsein bei deiner Zellteilung enthalten. Du hast so wie viele andere Menschen auch, in deinem Leben einige Brücken, wo du das Leben beenden könntest, wo deine höhere Weisheit eingreifen kann und darf. Bleiben oder gehen. Du hast beide Möglichkeiten in Erwägung gezogen. Du hast anfangs der geistigen Welt die Entscheidung übergeben. Aber über die Liebe zu deiner Familie und dem Leben hast du dich aus tiefster Überzeugung dazu entschieden, zu bleiben.

Du hast um Hilfe gebeten und darum, noch bleiben zu dürfen. Ich wurde aus der geistigen Welt gesandt, um dir zu helfen. Ich komme aus einer weit entfernten Dimension, die euch gänzlich unbekannt ist. Sehe mich so wie eine Art Formwandler. Wenn du es dir wünschst, könnte ich dir auch zufällig in einer Menschengestalt, in den nächsten Wochen, solange ich mich in eurer Dimension aufhalte, über den Weg laufen. Ich weiß, du würdest mich erkennen. Ich würde aber nicht mit dir sprechen, denn das wäre für meine Energie ein zu großer Aufwand. Es würde zu lange dauern um mich wieder in meiner Kraft zu sammeln. Weißt du, euer Planet ist ein sehr langsam und schwer schwingender Planet. Es war mein Auftrag, mich mit dir zu verbinden, in dich feinstofflich einzutauchen, um dich am Leben zu erhalten. Dein Überleben war und ist mein Auftrag. Wenn dieser erledigt ist und du in Sicherheit bist, werde ich dich verlassen!"

Plötzlich wurde für mich alles ganz klar. Ich hörte meine Freundin sprechen, wie sie mich langsam aus der Trance holte, aber das war gar nicht mehr notwendig. Ich war bereits vollkommen hellwach.

Dieses Wesen zeigte mir noch eine Skala bis 100 Prozent und erklärte, dass meine Genesung sehr schnell passieren würde, denn auf meine Bitte hin, würde die geistige Welt an mir arbeiten. Diese Skala zeigte mir ebenso, dass mich die geistige Welt dabei unterstützt, meine vollständige Gesundheit wieder möglichst schnell zu erreichen. 40 Prozent waren bereits geschafft und 60 bis 80 Prozent werde ich schon in den nächsten Stunden, spätestens Tagen haben. Er sagte mir auch, dass dieser Prozess bald abgeschlossen sei und in mir körperlich alles neu geordnet wird. Diese Botschaft war für mich ein wenig verwirrend und ich wusste nicht recht etwas damit anzufangen, sah es aber positiv.

Die Macht unseres Geistes

Tags darauf ging ich abends wieder zu Bett, legte mir zuvor noch selbst die Hände auf und reagierte sehr stark darauf, so wie in einer Art „Erstverschlimmerung". Während der Nacht wurde es dann besser und die

Schmerzen in meinen Bronchien, die ich zuvor hatte, lösten sich auf. Als ich nachts öfters wach wurde, sagte mir mein Geistführer 60 Prozent, 80 Prozent, 85 Prozent und zeigte mir eine Skala, wo ich bald einen grünen Bereich erreichen würde, der symbolisch für meine vollständige Genesung stehen sollte.

Am nächsten Morgen bekam ich jedoch gleich nach dem Aufwachen so starke Reaktionen, die sich genauso wie am Tage meiner Lungenembolie anfühlten. Der Arzt schickte mich mit dem Rettungsauto sofort wieder ins Krankenhaus, denn er war sich nicht sicher, ob sich nicht doch noch etwas von meiner tiefen Beinvenenthrombose gelöst hätte und es dadurch zu einer neuerlichen Embolie gekommen ist. Der anwesende Notarzt im Krankenhaus konnte mir zu meiner Freude, nach einer vorherigen Blutuntersuchung und einem Lungenröntgen die gute Nachricht überbringen, dass alles in bester Ordnung sei. Er nahm sich auch genug Zeit, tat sein Bestes und meinte, dass es sehr untypisch und ungewöhnlich wäre, dass im Blutbefund, sowie beim Lungenröntgen bereits nach drei Wochen keine Hinweise mehr auf eine beidseitige Lungenembolie feststellbar waren.

So verging die Zeit und einige Wochen später, bei einem sonnigen Spaziergang und alleine im Wald beobachtete ich, wie mich mein lichtvoller Helfer aus der anderen Dimension langsam verließ und sich immer weiter von mir entfernte.

Wehmütig kann ich mich noch immer mit ihm verbinden, aber die Kommunikation zu ihm ist in irgendeiner Weise unterbrochen. Geistig sehe ich noch einen silbernen Strahl in seine Richtung, hinein in andere Dimensionen, Planeten und Welten. Dort ist seine wahre Heimat und er leuchtet wie ein silberner Stern für mich.

So war die schnelle Genesung in dieser kurzen Zeit ein kleines Wunder für mich. Ich glaube, dass wir sehr oft in unserem Leben viele solche

Wunder erfahren dürfen. Ich weiß aber auch, wenn unser Lebensplan das Ende unseres irdischen Lebens vorsieht, müssen wir es akzeptieren und annehmen.

Mein Alltag mit der geistigen Welt

Täglich lebe ich, Seite an Seite mit der geistigen Welt. Über die vielen Jahren hinweg, die ich nun als sensitive und mediale Energetikerin für andere Menschen tätig bin, vergeht fast kein Tag, wo ich nicht mit Verstorbenen, Geistführern oder Schutzengeln eines Klienten verbunden bin. Meine tägliche Arbeit bei Einzelbehandlungen liegt natürlich auch auf dem Fokus, mit welchem Anliegen, mit welcher Vorstellung oder Wunsch ein Klient zu mir kommt. Befindet sich noch jemand in tiefer Trauer, weil er in seinem Leben eine geliebte Person durch den Tod verloren hat, ist sein größter Wunsch natürlich ein Jenseitskontakt. Dabei wird natürlich völlig frei und offen gelassen, wer aus der geistigen Welt dazu kommt. Ich als Medium rufe keine Verstorbenen, sondern ich lade sie ein und gebe ihnen die Möglichkeit sich zu zeigen.

Wenn ich einen Jenseitskontakt herstelle und dadurch auch ihre Welt gezeigt bekomme, nehme ich dies wie eine Art Kaleidoskop wahr. Eine mehrdimensionale Lichterwelt, durchwoben vom allgegenwärtigen Geist des höchsten Schöpfers, hologrammförmig mit unzähligen Ebenen, wo sich die Verstorbenen befinden und weiter entwickeln. Ich sehe Ebenen, die lichter und feinstofflicher schwingen, andere Ebenen schwingen etwas dichter, schwerer oder erdverbundener. Keine ist besser oder schlechter, heller oder dunkler. Jeder bekommt seinen Platz, eingewoben und verbunden mit dem großen Ganzen, wo sich der Verstorbene meiner Ansicht nach, ebenso weiter entwickeln kann, wie wir Menschen auf der Erde.

Die Arbeit im feinstofflich-medialen Bereich und die Menschen dabei zu unterstützen, dass es ein Vorleben, sowie ein Weiterleben oder -existieren nach unserem physischen Tod gibt und auch die Begleitung durch unsere Geist- und Seelenführer sowie Schutzengel ganz alltäglich ist, liegt mir sehr am Herzen. Ich verwende dazu Reiki, Geist- und Tranceheilung, Meditationen, Engel- bzw. Geistführerreadings und Geistführerkontakte, sowie Trancebotschaften der geistigen Welt und mediale Briefe, wo die Botschaften der geistigen Welt schriftlich festgehalten werden, weiters Reinkarnationsarbeit durch Reisen in unsere Vorleben, Bachblüten-beratungen, energetische Kristallheilung und Kräuterpädagogik, sowie Kurse und Workshops zu all diesen Themen.

Es ist mir bei meiner medialen Arbeit besonders wichtig, den Menschen ihren Geist, ihre Seele und ihr ewiges Bewusstsein näher zu bringen und sie somit Stück für Stück an ihren Seelenplan heranzuführen. So entwickelte ich nach und nach meine ganz eigene Art der feinstofflich-medialen Energiearbeit, um meine Klienten bestmöglich auf ihrem Lebensweg begleiten zu dürfen. Für diese schöne Arbeit und auch Gabe dazu bin ich sehr dankbar.

Besonders Kinder finden den Zugang zu ihren Seelenführern ganz natürlich durch kurze und kindgerechte Meditationen. Plötzlich beginnen auch sie durch einfache Fragen, über die Zeit vor ihrer Inkarnation in diesem Leben, zu berichten. Sie erzählen von anderen Eltern, ihren Erlebnissen und nehmen dies als ganz normal und natürlich wahr. Oftmals reicht es, ihnen nur ein Bild von ihrem Schutzengel oder Seelenführer malen zu lassen, stellt ihnen einfach Fragen über die Zeit, bevor sie auf die Erde gekommen sind und sie beginnen von selbst zu malen oder eine Geschichte zu erzählen. Für Kinder ist die Verbindung zu ihren lichtvollen Begleitern und Schutzengeln überaus wichtig. Dadurch werden sie im

Leben mit Vertrauen, Lebenskraft, einer höheren Führung und Schutz gestärkt.

Im Anhang dieses Buches findest du Einblicke über meine mediale und jenseitige Arbeit in Form von medialen Briefen und Botschaften. Ich habe für dich auch kleine Übungen und Meditationen, sowie Segnungen und Heilgebete niedergeschrieben.

Meditation ist für mich in die Stille zu gehen und den Antworten unserer inneren Weisheit und der göttlichen Quelle zuzuhören.

Ein Gebet ist für mich eine Anrufung und das Erbitten um Unterstützung durch eine höhere und lichtvollere Ebene zu unserer Hilfe, Führung und Heilung.

Das war und ist mein Alltag an der Seite der geistigen Welt und ich hoffe, ich konnte dir damit meinen Weg, meine Berufung etwas näher bringen. Ein feinstofflicher Energetiker oder spiritueller Heiler arbeitet im Geist Gottes, im Geist des großen Ganzen. Er ist für verschiedene feinstoffliche Frequenzen ausschließlich Kanal, oder das Werkzeug für diese Energieströme aus dem Universum. Jedem Heiler stehen verschiedene feinstoffliche Hierarchien an der Seite, die sie führen und unterstützen. Jeder Mensch wird mit übersinnlichen Fähigkeiten geboren. Wenn unser Menschsein und unser geistiges Bewusstsein reif dafür sind, kann dieses oder unser geistiges Erbe erwachen. So danke ich meiner gesamten geistigen Führung. Ihr alle seid das Wunder und die große Liebe für mich.

„Liebe lichtvolle Seele, ich bitte die geistige Welt um einen Segen für dich, liebe Leserin und lieber Leser. Mögest du ein langes, gesundes und glückliches Leben im Kreise deiner Lieben haben und täglich vor Unheil beschützt sein.“

Einblicke in meine mediale Arbeit

Mediale Briefe und Botschaften von Geistführern und dem Jenseits

Nachstehend möchte ich dir kurze Einblicke in meine mediale Arbeit geben. Ich habe mich entschieden, einige mediale Briefe und Botschaft niederzuschreiben um dir die Energien, die in solchen Botschaften enthalten sind, zugänglich zu machen, aber auch eine Vorstellung darüber zu bekommen, wie Gespräche mit der geistigen Welt aussehen können. Ein Medium, ein medial veranlagter Mensch, der diese natürliche Gabe geübt und trainiert hat, ist ein Vermittler zwischen dem Diesseits und dem Jenseits. Ein Medium bekommt seine Botschaften immer und nur aus der geistigen Welt. Informationen über die Zukunft gibt es nur, wenn die geistige Welt es so will und diese vermittelt. Ein Medium ist kein Hellseher, Orakel oder dergleichen und braucht daher vom Klienten keine Vorinformation. Im Gegenteil, dies könnte das Medium unnötig beeinflussen. Welche Botschaften durchkommen entscheidet ganz alleine die geistige Welt, sei es Geistführer, Engel oder Verstorbene.

Aufgezeichnet in Fallbeispielen wurden die Namen der Beteiligten durch die Wörter liebe Seele, lieber Erdenmensch, lieber Erdenbewohner, lieber Freund oder Freundin ersetzt. Denn in den meisten Fällen beginnt die geistige Welt so durch mich zum Klienten zu sprechen. Ob durchgesprochen in einer Trancebotschaft oder wie hier niedergeschrieben als mediale Briefe. Manche Texte sind gekürzt oder nur abschnittsweise angeführt, da sie sonst den Rahmen dieses Buches sprengen würden.

Medialer Brief

„Liebe Seelenfreundin, mit deinem Herzen trägst du Erinnerungen von Angst und Einsamkeit in dir. Es ist die Leere, die Starre, die du oftmals spürst und wahrnimmst. Einsamkeit, auch ein Erbe deiner Ahnen, ein Gefühl, das lange Zeit ein Begleiter war, von jemanden deiner Ahnenreihe macht sich auch noch bei dir in deinem Herzen und in deinem gesamten Energiefeld sichtbar. Deine Großeltern haben vor langer Zeit ihre Heimat, ihre Sicherheit, ihre Familien und Freunde verloren. All das ist noch immer in deinem Körper- bzw. Zellbewusstsein vorhanden.

Ein Teil davon wird sich in nächster Zeit von dir ablösen und ein großer Anteil davon hat sich bereits die letzten Jahre schon aufgelöst, durch deine Entwicklung und deine Achtsamkeit. Verstehe die Tage, wenn du Gefühle und Emotionen deiner Ahnen, aber auch die deiner Eltern wahrnimmst. Du bist mit ihnen verwoben und es ruft bei dir eine unbewusste Erinnerung von ihnen hervor. Du bist sehr feinfühlig und trägst diese alten Erinnerungen in deiner Linie weiter, besonders das Gefühl von Verlust, Angst, Einsamkeit, Schwere und Enge. Einsamkeit ist auch eines der ersten schmerzlichen Erfahrungen, die eine Geistseele erfährt, wenn sie zu erahnen beginnt, dass sie ihre geistige Heimat verlassen hat und nun hier auf Erden ist. So auch du als ganz kleines Kind. Oftmals hast du dich in eine Phantasiewelt geträumt um diese Schwere hier, diese Wahrheit, diese Herausforderungen auszuhalten und durchzustehen. Seither weißt du, wie empfindsam Kinderseelen sein können und darum hast du auch beruflich deinen Weg gewählt, um mit Kindern zu arbeiten …"

Medialer Brief

„Liebe Freundin, ich dein Geistführer spreche zu dir und grüße dich aus dem Herzen, um dir deine Fragen zu beantworten. Als du geboren wurdest, hast du dich hingegeben in den Kreislauf des Lebens. Mutig bist du eingetaucht in diese Inkarnation. Mutig hast du all das in Kauf genommen und dir eine Familie gewählt, die dir auch oftmals auf schmerzlichste Weise dabei geholfen hat, dich selbst zu erkennen, wer du wirklich wahrhaftig bist. Aus deiner Seelenfamilie haben sich einige bereit erklärt, wichtige Menschen in deinem Leben, Rollen in deinem Film des Lebens einzunehmen, damit du deine Lektionen er-fahren darfst.

Nun bist du endlich dabei, die Liebe zu dir selbst und den anderen Menschen zuzulassen und glaube mir, dass ist dein Weg zurück zu deiner göttlichen Quelle. Dein Weg in näherer Zukunft führt dich in das Innere hinein, hinein in dein Selbst, hinein in dein Höheres Selbst, hinein in das Wachwerden des ICH-BIN. Unsere Unterstützung mit den Lichtstrahlen des Mutes, der Gerechtigkeit, der Stärke, der Ausdauer und die Kraft von Erzengel Michael sind sicher an deiner Seite. Vertraue seinem Schutz. Er ist von dir ein mächtiger Schutzbegleiter, der jeden Weg mit dir beschreitet … Spüre wie die göttliche Quelle dich liebt und schützt. Lasse dich tragen von dieser Liebe und sei ein Botschafter für diese Welt. Arbeite bei spirituellen Heilungen immer mit der Verbindung Gottes und der Kraft des Heiligen Geistes. Erschaffe – heile spirituell – bringe Klarheit in die Welt. Klarheit über die geistige Welt, Klarheit wie man seinen eigenen, erkrankten Körper selbst unterstützen und in die Genesung bringen kann. Gib dein Wissen, auch das Wissen der Ahnen und alter Hausrezepte weiter. Die geistige Welt dankt dir dafür in Liebe und Schöpferkraft. Auch durch dich kommt Licht in die Welt. Vergiss das nicht. Sei ein guter Schüler. Sei ein weiser Lehrer …" (Botschaft für eine meiner Reiki-Schülerinnen)

Medialer Brief

„Ich, dein Schutzengel spreche zu dir. Liebe Menschenseele, entfalte dein wahres Ich und gib dir Raum. Zweifle nicht und vertraue dir. Vertraue dem Leben, auch deiner Heimat, der Erde, aber auch deiner Heimat, den

Sternen. Dein Leben ist ein Abenteuer, genieße es. Alle aus deiner geistigen Heimat sind stets bei dir. Feinstoffliche Wesen, aber auch Mitmenschen deiner heutigen Umgebung wurden dir ins Leben geschickt, damit du auf der Erde niemals alleine bist. Diese sind gleicher Herkunft wie du. Einige Dinge im Leben müssen und werden passieren, die du nicht ändern kannst und solltest. Vertraue stets, es ist alles gut so, wie es ist … Die geistige Welt und liebe Verstorbene aus deiner Ahnenreihe bewundern dein Leben, dein Verhalten, dein Durchhalten, dein Wissen, deine Lernfreude, die du in dir trägst. Kein Weg ist dir zu weit, zu schwierig, zu lange. Trotzdem zweifelst du immer wieder an dir. Aber all das ist nicht notwendig, es geht nicht noch schneller, noch mehr, noch besser. Oftmals muss etwas reifen, so wie Früchte auf einem Baum. Es braucht Zeit, Sonne, Wärme, Stabilität, Vertrauen und Aufmerksamkeit. All das brauchst auch du und die geistige Welt führt und unterstützt dich, so gut es geht.

Die nächsten reifen Früchte in deinem Leben sind heilsame Geschichten für Kinder, über die Welt, über Tiere und Naturwesen. Schreibe ein Kinderbuch, zeichne, male dazu Bilder und bringe diese in die Welt. Verschenke so deine Gaben und vollbringe dein Werk. Ich grüße dich voller Weisheit und Liebe."

Medialer Brief

„Liebe Freundin. Ich dein Geistführer grüße dich und ich sage dir, zu deiner Veränderung in deinem Leben und zu deiner Trennung in deiner Partnerschaft, das Glück ist wie ein Stück Gold.

Wenn es warm ist, wenn es zum Schmelzpunkt gebracht wird, ist es formbar, immer wieder veränderbar, ewiglich und unendlich.

Genauso ist es mit deiner Geistseele und auch die Geistseelen der anderen Menschen. Ist das Gold geformt und bleibt es zu lange ohne Bewegung, ohne Veränderung, ohne Wärme und ohne Liebe, wird es kühl, hart, fest und versteinert. So ist es wahrscheinlich auch dir in deiner Partnerschaft über all die Jahre gegangen. Aber wisse auch, es war Gold in seiner festen Form und etwas ganz Besonderes. Es ist ein Teil von dir, aus der Vergangenheit über das Jetzt der Gegenwart bis hinein in deine Zukunft. Im Leben gibt es immer wieder ein Erwachen. Wenn ein wichtiger Zyklus zu Ende geht, fällt plötzlich ein nebelhafter Schatten von euch und die Weisheit beginnt hervor zu blitzen. Ihr entschließt euch, neu zu formen. Das funktioniert nur mit Selbstliebe. Ich frage dich daher, wohin will das liebende Herz, das tanzende Herz, das zufriedene Herz, wohin ruft es dich. Nur darauf solltest du in nächster Zeit hören. Endlich frei sein und die Königin, die Hüterin in deinem eigenen Königreich sein. So können dir Flügel wachsen zum inneren Heilsein. Starte mutig deinen Neubeginn und lasse dich überraschen, was alles in dir steckt. Verborgene Talente werden aktiviert und freigelegt. Ein neuer Prozess wird nun in Gang gesetzt ...“

Medialer Brief

„Lieber Freund und liebes Lichtwesen auf Erden. Ich dein Geistführer und der Engel der Hoffnung stehen an deiner Seite und begrüßen dich. Ganz groß wurde heute bei der geistigen Heilung das Wort Hoffnung in deine Aura geschrieben und dort wird es die nächsten Tage und Wochen seine volle Entfaltung erreichen. Hoffnung – jedes gesprochene Wort hat in Wirklichkeit eine sehr tiefe Bedeutung. Hoffnung – ihr Menschen sucht sie, ihr vermisst sie, ihr braucht sie so sehr. Erlaube uns, dass ich dein Geistführer und der Engel der Hoffnung, dich stets begleiten dürfen. In früheren Jahren warst du oft sehr verzweifelt und hoffnungslos. Viele Situationen im täglichen Leben lassen dich zweifeln und in alte, längst aufgelöste Verhaltensmuster zurück fallen. Aber bedenke: Du bist ein Mensch mit einem Geistbewusstsein, aber in Wirklichkeit bist du Geist mit einem Menschenkörper. Vergiss das niemals. Deine Geistseele ist so groß und viel. Spüre ab jetzt, dass das Licht der Hoffnung wie eine Flamme neben dir brennt. Es gibt keinen Grund Angst zu haben. Falle nicht auf Manipulationen und Täuschungen herein. Diese entsprechen der Dunkelheit des Lichtes.

Du, als erwachte bewusste Seele, wolltest bei diesem Spektakel, das nun global um sich schlägt, dabei sein. Darum hast du gerade in dieser Zeitenwende inkarniert. Zeitenwenden sind starke, aber sehr lehrreiche Leben, die eine Seele erleben kann. Ein enormer Aufstieg auf der Erde wird dadurch stattfinden. Das ist die wirkliche Meisterschaft, die man erreichen kann. Danke, denn du und auch so viele andere Menschen habt euch getraut und Mut bewiesen, gerade jetzt hier auf diesem Planeten zu sein. Voller Mut seid ihr „hinabgegangen", in diese einzigartige, aber wahnsinnige Zeit der Evolution. Du bist ein großer Lichtbringer. Voller Dankbarkeit und Aufrichtigkeit grüßt dich das große Licht der Hoffnung."

Ein verstorbener Vater an seine liebe Tochter

„Ich weiß, wenn ich sage, dass du das Wichtigste warst in diesem Leben, dass du das nicht glauben kannst. Du kannst es auch fast nicht glauben, wenn ich sage, dass ich dich liebe und dennoch tue ich es und ich tat es immer. In meinem Leben hatte ich einen handwerklichen Beruf, den ich liebte, der meine Phantasie und meine Kreativität beflügelte. Der mich zum Träumen anregte, der Traum nach etwas Größerem. Aber das Leben stand mir im Wege, anfangs mein Elternhaus, später meine Partnerschaft und immer mehr nahm der Alkohol von mir Besitz. Ich verlor mich dadurch und ich verlor dadurch auch dich. Ich war schwach und hilflos und mein gesamtes Leben geriet nach und nach aus den Fugen. Ich war schwach und suchte mir schwache Menschen aus, für mein Leben. Du hast viel von mir gesehen, mein gutes Ich, das dich liebte, mein schwaches, krankes Ich, das dich übersah. Aber es hatte nichts mit dir zu tun, ich übersah mein ganzes Leben, mein ganzes Umfeld, einfach alles. Dennoch konnte ich nicht anders handeln. In meinem Kopf wusste ich es, aber mein Körper schaffte es nicht. Ich verlor dich, meine Familie, alles was ich mir immer wünschte, war plötzlich aus meinem Leben verschwunden. Und so trank ich immer mehr. Ich war überzeugt, ich sei ein Versager. Heute, aus der Ebene oder den Reichen wo ich mich jetzt befinde, sehe ich es anders. Ich bin aus der schwachen, kranken Hülle meines Erdenkörpers ausgestiegen und beginne Tag für Tag mehr, dich als erwachsene Frau zu entdecken, zu sehen, zu beobachten.

Ich bin sehr stolz auf dich, wie stark du bist. Wie weise bereits mit deinen jungen Jahren. Und ich wünsche mir nichts mehr, als dass du glücklich bist in deinem Leben und dass du dich von Tag zu Tag immer mehr liebst, dich selber erkennst, welch ein wertvoller Mensch du bist.

Hier, wo ich jetzt bin, war ich lange Zeit an einem zeitlosen Ort und es war wie eine Art Schlaf oder Stillstand, wobei ich ganz klar bei mir selbst gewesen bin. Es war nur mein Ich und diese Ruhe war für mich wichtig. Jetzt werde ich wacher und es beginnt sich irgendetwas um mich zu bewegen. Ich sehe dich liebe Tochter und dein Leben ist in Bewegung. Dadurch kommt auch hier meine Welt in Bewegung und es ist schön, hier ist Leben genau wie bei dir auf der Erde ...

... und plötzlich werde ich aus meiner Welt gesehen, gespürt und erhört, so dass diese Zeilen niedergeschrieben werden konnten. Und auch du warst plötzlich an einem anderen Ort. Ich spürte und sah dich, wie du glücklich bist und frei. Ich hoffe, dass du diese Zeilen einmal lesen wirst, aber jetzt und heute bist du noch nicht dafür bereit. Ich weiß aber, dass meine Botschaft in diesem Buch niedergeschrieben wird, für dich, und du kannst gar nicht anders als es lesen und dein Herz wird dir sagen, dass ich, dein Papa, zu dir spreche. Oft vermisst du, dass du einen Papa hast, und dass du von ihm erzählen kannst. Und viele Jahre deiner Kindheit waren sehr schwer für dich. Es tut mir alles so Leid, dass ich dich verlassen habe, aber alles musste so passieren und alles hat seinen Sinn. Und gerade deshalb, weil es so passierte, wirst du zu dieser Frau werden, die du irgendwann einmal sein möchtest. Aber wisse und höre und vergesse es nicht, du hast einen Papa und ich erinnere mich an eine gemeinsame Winterzeit, an deinen ersten Holzschlitten, den du nicht gleich alleine lenken konntest. Anfangs war er dir auch noch viel zu groß. Ich wollte dir eine Freude machen und in den ersten Jahren deines Lebens ist mir das auch gelungen. Du warst damals mein kleiner Engel. Du hast so gerne gelacht und mit offenen Augen geträumt. Erinnere dich daran.

Und dann entglitt mir mein ganzes Leben und mein Tod kam herbei. Die Ursache ist für dich völlig unwichtig. Vergesse diese Zeit und denke nicht mehr darüber nach. Behalte mich als deinen Papa in Erinnerung, so wie du klein warst. Da hast du in deinem reinen Herzen gespürt, wer und wie ich war. Lösche all das Negative, das Traurige, das Schwere über mich aus deinem Kopf. Deine Wahrnehmung war manchmal auch verzerrt, durch das Gerede der anderen. Erinnere dich und betrachte Fotos von mir. Erinnere dich, wie ich Spielsachen für dich gebastelt habe und an die gemeinsame, schöne Zeit. Mit Verantwortung konnte ich in meinem Leben nicht gut umgehen. Ich liebte die Freiheit und der Alltag war mir viel zu oft zu schwer.

Vor meinem Tod hatte ich sehr viele Sorgen, aber jetzt wo ich dich sehe, ist das vorbei. Ich spüre nur Liebe und Freude. Größer und mehr könnten diese Gefühle nicht sein. Hier wo ich jetzt bin, höre ich leise Musik und auch in meinem Leben mochte ich Musik – nur eben lauter.

Hier wo ich jetzt bin, ist die Musik sanft und heilsam. In meinem Auto, kurz vor meinem Tode, war die Musik laut und aggressiv. Sehr oft fuhr ich zu schnell und unkonzentriert. Und jetzt sehe ich dich und ich weiß, du bist ein Teil von mir. Der beste Teil von mir, den es geben kann ..." (Für A. – 2021)

Medialer Brief – geschriebener Jenseitskontakt für eine Klientin

„Liebe Mama, jetzt wo ich zu dir sprechen sollte, fehlen mir die Worte. Es tut mir sehr leid, welch ein Schmerz mein Weggehen dir bereitet hat. Aber es ging nicht anders, meine Zeit war gekommen, auch ich wusste es nicht. Ich hatte noch Träume und Ziele und Veränderungen in meinem Leben vor, aber mein Sterben war nicht das Hindernis, warum ich mir einiges oder dieses nicht mehr erfüllen konnte. Nein, ich war es selbst. Ich bin mir selbst im Weg gestanden und konnte mich nicht entscheiden und dachte viel zu viel darüber nach, wohin mein Weg noch führen sollte und lenkte mich zusätzlich mit vielen unnützen Dingen ab. Ich lenkte mich ab mit Menschen, die mir nicht wichtig waren und die wichtigen Menschen vernachlässigte ich. Ich wollte mehr Geld und dennoch gab ich es achtlos aus. Ich wollte mehr Leichtigkeit und Gesundheit und dennoch war ich nicht gut zu meinem Körper und aß und trank zu oft in der Maßlosigkeit. Aber so ist es im Leben, wenn wir leben sind wir alle verwirrt und verirren uns in uns selbst. Aber es ist nicht schlimm für mich, nur diese Erkenntnis traf mich ganz klar und plötzlich hier, wo ich jetzt bin.

Du fragst dich oft, wo ich jetzt bin, aber so genau weiß ich es selber nicht. An das was ich mich noch erinnern kann, war plötzlich das Gefühl von Schmerz, Ohnmacht und Trauer. Ich dachte darüber nach und wunderte mich, woher das kommt und plötzlich sah ich euch alle und spürte eure traurigen Gefühle über mein plötzliches Weggehen. Ich hörte eure Gespräche und eure Stimmen. Danach kehrte bei mir Ruhe ein. Ruhe und Stille wie eine Art Schlaf. Ich fühlte mich sicher und geborgen, voller Schutz und Liebe. Als ob eine liebevolle große Hand mich halten würde. Später, keine Ahnung wann das war, hörte ich hier bei mir viele verschiedene, aber mir bekannte Stimmen. Ich sah Verwandte, die mir vorausgegangen waren und fühlte mich durch ihre Anwesenheit noch viel sicherer.

Oft sind sie nah, dann auch wieder nicht. Ich habe das Gefühl, oftmals verschiedene kurze Szenen aus meinem gelebten Leben zu erleben. Dabei komme ich mir vor, wie in einer Art Traum. Aber für mich ist es ganz real. Ich sehe mein ehemaliges Zuhause, meine Kinder, Enkel und Familienmitglieder.

Ich weiß, wie es euch allen ergeht und dann kehrt plötzlich bei mir wieder unsagbare Ruhe und Stille ein. Ich bin schmerzfrei und fühle mich frei.

Auf eure Frage hin, ob ich Engel oder Lichtwesen bereits gesehen habe, muss ich verneinen. Aber ich fühle eine ungeheure Präsenz, die ich nicht beschreiben kann und ich denke mir, das könnte so etwas in der Art sein. Die Präsenz von Liebe, Geborgenheit, die einen trägt und begleitet, einfach umgeben sein von etwas Wunderbarem, muss etwas Mächtiges und Großartiges sein. Ich kann es noch nicht richtig erkennen, aber ich weiß, dass ich es bald weiß und erkennen kann. Alles ist ruhig und aus dieser Ruhe grüße ich dich. Ich bin gegangen, aber dennoch nicht verloren. Wir sind eine Familie, auch jetzt liebe Mama, vergiss das nicht …!"

Medialer Brief von einem jungen Mädchen,

das vor ihrem tragischen Unfall noch ihren Eltern ein selbst geschriebenes Märchen hinterließ:

„Liebe Familie, liebe Mama!

Unsere Reiche sind, wie bei meinem Märchen, voneinander getrennt. Und dennoch sind die Herzen und die Liebe sich so nah. Ich bin immer noch gerne und oft Zuhause bei euch. Bei uns. Es freut mich, wie das Leben weiter geht. Wie von euch allen das Leben erlebt und gelebt wird. Ich sehe wie Mama und Papa älter werden. Ich sehe wie meine Schwestern wunderschöne junge Frauen werden. Sie verändern sich und ihre Herzenswünsche werden über die Jahre hinweg anders. Das erlebe ich von hier aus, wo ich jetzt bin, sehr spannend. Ich fiebere mit, oft bin ich dabei. In meiner Welt fühle ich mich frei und leicht. Immer öfters verspüre ich den Wunsch, einen Lichtanteil meiner unsterblichen und ewig existierenden Geistseele, von mir aus der Unendlichkeit, zu euch hinab zu schicken und wie ihr sagt, zu inkarnieren. Aber da wünsche ich mir wieder ganz in eurer Nähe zu sein. Aber der Zeitpunkt, wo das passieren wird, dauert noch. Mein einzigartiger Anteil H., der ich war und immer bin, bleibt ewig da, wo ich jetzt bin. Aber einen Sonnenstrahl von meinem Geistbewusstsein würde ich gerne wieder auf die Reise zu euch hinab schicken. Ich bin vorgereist, so wie das Mädchen in meiner Geschichte.

Es liegt nur der Schatten der langsam schwingenden Welten und Dimensionen zwischen uns. Aber unsere Herzen sprechen oft zueinander, auch während ihr schläft. Beide Welten sind eine Welt. Von da aus grüße ich euch. Ich habe euch lieb, genießt das Leben und euren einfachen Alltag …"

Medialer Brief – Jenseitskontakt (gekürzt),

was die Geistseele D., für eine Klientin von mir, im Jenseits wahrgenommen hat:

„ … ich bin nicht mehr das, als was du mich in Erinnerung hast. Ich bin jetzt eine unendliche Energie in einem unbeschreiblichen Raum. Ich bin weit von dir, von euch allen, die ich sehr liebgewonnen habe, weit weg. Trotzdem höre ich eure Stimmen, euer Lachen und eure Traurigkeit durch mein Weggehen. Ich spüre eure Gedanken weit weg und doch so nah, so wie durch eine gläserne Wand getrennt. Wenn ich euch höre, bin ich gleichzeitig bei euch allen. Ich bin jetzt nicht mehr an einen Ort oder eine Person gebunden. Die Kilometer die euch innerhalb der Familie trennen, sind bei mir nicht vorhanden. Ich fühle mich leicht und schmerzfrei und freue mich meiner Erinnerungen und meiner Erfahrungen. Ich bin heute an deiner Seite, weil ich sehe, dass Vertrauen in deinem Herzen fehlt …

… weiters berichtete diese Seele über den Himmel und das Jenseits: Hier wo ich jetzt bin, sehe ich verstorbene Menschen. Ich sehe aber auch Tiere und Tiergruppen. Eine Gruppe sind Tiere, die in freier Wildbahn gelebt haben. Andere Gruppen, die in der Luft geflogen sind und in den Baumkronen gelebt haben. Einige von diesen sind nur hier um zu singen und ihre Melodien zu pfeifen …

… dann gibt es eine Gruppe Tiere die ich sehe und mich besonders beeindrucken. Sie sind eine Gruppe, die eine Schwere an sich haben, das sind jene, die sich den Menschen zur Verfügung stellten und als Nahrungsmittel dienten. Voller Demut schauen wir hier auf sie, denn sie haben das größte Opfer für die Menschen gegeben – ihr Leben. Man erkennt aber, dass sie es gerne getan haben, denn es war ihr Weg und ihre Bestimmung. Diese Bestimmung wurde jedoch von den meisten, fast von allen Menschen der Erde, nicht wertgeschätzt. Ihr Körper und ihr Fleisch waren fast wertlos. Sie waren und sind zu dieser Zeit der Evolution ein wertloser Teil. Früher, vor langer Zeit, gaben sie ihr Leben für viele Menschenleben. Das war gut so und sie erfüllten ihre Bestimmung. Heute geben viele dieser Tiere ihr Leben für Luxus und Verschwendung.

Ihr Dienen am Menschen ist nutzlos geworden und verlor an Wert. Dennoch sind sie voller Demut und stehen ein für die Menschen und ihr Verhalten und bitten in ihrer Gruppenseele, zu etwas Höherem, für das Verhalten der Menschen um Gnade. Das zu sehen berührt mich zutiefst. Ein Kreislauf von Leben und Sterben, in dem wir alle eingebunden sind und dennoch ist es bei jedem Einzelnen so verschieden. Ja, das ist die Ebene, wo ich mich wie auf einer Durchreise, gerade befinde …"

Dies ist ein kleiner Einblick, wie Medialität und mediale Briefe aussehen können. Bei einem medialen Kontakt mit Verstorbenen werden über die Botschaften, die sie ihren Lieben übermitteln, auch Geschichten und Szenen aus ihrem vergangenen Leben als Beweisführung für den Klienten vermittelt. Das Medium hat vorher keinerlei Vorinformationen über den Verstorbenen. Diese unzähligen Beweise über Charakter, Hobbys, Besitz, Beruf, auffällige Kleidung, Feierlichkeiten und Geschenke innerhalb der Familie oder besondere Körpermerkmale usw. sind hier nicht angeführt, sondern nur wichtige Teile der Botschaften für ihre Hinterbliebenen. Ich arbeite nach traditioneller englischer Medialität, nur auf Grundlage von Beweisen und ohne Vorinformationen zu den Verstorbenen.

Kleine Übungen, Meditationen, Segnungen und Heilgebete

Visionen, Wünsche und unsere Schöpferkraft

Wir als Menschen haben die Fähigkeit, unser eigenes Leben täglich zu formen und zu gestalten, so wie wir es wollen. Mit jedem Gedanken den wir denken, mit jedem Gefühl das wir fühlen, mit all unseren täglichen Worten und Taten erschaffen wir ständig bewusst oder unbewusst unsere eigene Wirklichkeit. Wir manifestieren. Jeder Mensch besitzt eine angeborene Schöpferkraft und täglich, ohne uns bewusst zu sein erschaffen wir damit Positives oder aber auch Negatives. Die ganze Welt da draußen und unsere eigene kleine Welt um uns herum, so wie sie momentan ist, ist die Summe dieser Kraft. Wir alle sollten täglich viel achtsamer werden, was wir denken, was wir fühlen und was wir uns vorstellen und somit visualisieren.

Über unsere Aussagen, Glaubenssätze und Überzeugungen, Emotionen, Wünsche und Versprechen, Sinneswahrnehmungen und Handlungen. Denn all das senden wir als Energie von uns weg und setzen damit eine mächtige Kraft im Universum in Bewegung. Nach den geistigen Gesetzen wird sich diese Kraft auf der Erde manifestieren. Unsere gegenwärtige Wahrheit ist daher die Ernte aus unseren früheren Handlungen. Dadurch ist es uns aber auch möglich bewusst in unser Leben einzugreifen, es umzugestalten und immer wieder neu zu formen. Dieser energetische und spirituelle Zusammenhang von Ursache und Wirkung nennt man Karma. Das ist unser Schicksal, das wir selbst erschaffen und in diesem, aber auch erst in unserem nächsten Leben eintreten kann. Somit haben wir auch Karma aus unseren Vorleben in dieses Leben mitgebracht. Aber wir haben immer die Wahl, sozusagen unseren freien Willen, wo wir unsere Energie durch Gedanken und Gefühle inklusive unserer Handlungen hinlenken. Denn auf das worauf wir uns konzentrieren, von dem bekommen wir immer mehr. Vieles liegt daher in unseren eigenen Händen.

Regelmäßig sollten wir daher unsere Wahrnehmung und unsere Geisteshaltung schulen, um Körper, Geist und Seele wieder in Balance zu bringen und damit in unserer eigenen Kraft zu bleiben.

Bewusstseinsübung für den Alltag

Du selbst bist in deinem Leben die Hauptperson. Hinterfrage dich täglich, wer du in Wirklichkeit bist? Die geistige Welt sagt, du bist für diese Erde ein Geschenk. Du bist geboren und eine lichtvolle Geistseele, um die Liebe auf die Erde zu bringen. Entwickle für dich selbst Wertschätzung und Anerkennung und übe dich in der Selbstliebe.

Das Zentrum tiefer Weisheit schlummert in jedem von uns und es ist weitaus mächtiger als wir es uns vorstellen können. Diese spirituelle Übung in Verbindung mit deinem Höheren Selbst soll dir helfen, mit diesem Zentrum in Verbindung zu kommen und dein Verständnis für dein Dasein und das Leben zu vertiefen.

Beantworte für dich ganz ehrlich die nachstehenden Fragen, um dich besser kennenzulernen, wo du momentan im Leben stehst und wie du deine Zukunft bewusster und erfüllender gestalten möchtest. Sei bereit, dein Leben selbst in deine liebenden Hände zu legen.

Nimm dazu einen Stift und einen Zettel zur Hand. Beginne die Übung damit, dass du für einen Augenblick deine Augen schließt und dich kurz und bewusst mit deinem Höheren Selbst verbindest.

Dann stelle dir die Fragen und beginne damit die Antworten aufzuschreiben:

1. Wer oder was bist du?

2. Wie sieht dein ideales Leben aus - wer oder was möchtest du sein?

3. Welche Gabe, welches Wunder schlummert in dir und wie kannst du deine Fähigkeiten und Talente zum Strahlen bringen?

4. Liebst du dich selbst genug und oder was könnte das verbessern?

5. Ist dein Fokus auf die Gegenwart und die Zukunft gerichtet?

6. Hält deine Vergangenheit dich noch fest oder in irgendeiner Weise zurück? Wenn ja, wie kannst du es er-lösen und hinter dir lassen?

7. Wer oder was ist in deinem Leben wichtig?

8. Wer oder was ist in deinem Leben nicht mehr wichtig?

9. Was wünschst du dir im Leben und was sind deine Träume und Visionen?

10. Was hält dich davon ab?

11. Bleibst du zu viel in deiner Komfortzone?

12. Was würde sich in deinem Leben verändern, wenn du unbegrenzten Mut hättest?

13. Was begeistert dich und welche Leidenschaft treibt dich an?

14. Was kannst du tun, damit deine Ziele auch Realität werden.
   Welche bewusste Entscheidung kannst du dazu gerade heute treffen?

15. Nimmst du dir regelmäßig Zeit für dein persönliches Wachstum und deine Weiterentwicklung?

16. Wie und wo siehst du dich in einem Jahr?

17. Was ist der nächste wichtige Schritt dazu, den du im Leben gehen solltest, um dieses Ziel zu erreichen?

18. Für was bin ich heute dankbar? Aus dem heute erschaffe ich meine
Zukunft.

Sensitive Wahrnehmung deiner sieben Hauptchakren

Nimm dir deine Schreibsachen zur Hand und setze dich an einen ruhigen, ungestörten Ort. Schließe deine Augen, entspanne einen Moment lang und konzentriere dich auf deinen Atem. Stelle dir in Gedanken und mit deiner inneren Sicht einen großen, goldenen Raum vor, ein heiliger Ort, in dem sieben geschlossene Schatztruhen in einem perlmuttfarbenen Regal übereinander stehen. Sie haben die Farben Rot, Orange, Gelb, Grün, Blau, Indigo, Weiß oder Lila. Vergleiche sie untereinander, ihre Größe, ihre Farbe, ihr Leuchten und ihr Aussehen. Sei schnell bei dieser Übung und schicke deinen Verstand in eine kurze Pause.

- Öffne deine Augen und schreibe deine Wahrnehmungen ohne nachzudenken auf. Was ist dein erster Eindruck dazu? Hinterfrage und   bewerte nichts.
- Dann schließe deine Augen und konzentriere dich auf die unterste, rote Schatztruhe. Stelle dir nun vor, wie du den Deckel dazu öffnest.
- Was zeigt sich darin, Bilder, Symbole, welche Gedanken und Gefühle zeigen sich dir?
- Öffne zwischendurch wieder die Augen und schreibe alles auf.
- So folgst du Schatztruhe für Schatztruhe, höher und höher dem Regal entlang.
- Schließe wieder deine Augen und konzentriere dich auf die zweite orange Schatztruhe, auf die dritte gelbe Schatztruhe, auf die vierte grüne Schatztruhe, auf die fünfte blaue Schatztruhe,

auf die sechste indigofarbene Schatztruhe und auf die oberste, siebte Schatztruhe in ihrer weiß-lila leuchtenden Farbe.

Gehe schnell durch die Übung hindurch und stehe dir mit deinem Ego nicht im Weg. Wenn du dir zu allen Schatztruhen deine Notizen gemacht hast, konzentriere dich zurück auf deine Gegenwart.

So hast du gerade kleine Einblicke in deine sieben Hauptchakren bekommen. Versuche nun, dich ganz auf deine Intuition zu verlassen und finde heraus, was dein Aufgeschriebenes für dich persönlich zu bedeuten hat. Vertraue deiner Sensitivität.

Über unsere sieben Hauptchakren findest du in Büchern oder im Internet verschiedenste Beschreibungen. Mache die Übung öfters, so erfährst du im Laufe der Zeit sehr viel über dich selbst.

Kurze Beschreibung der sieben Hauptchakren

Chakren sind Energiezentren, die entlang der Wirbelsäule liegen. Sie reichen in unseren physischen Körper hinein, nehmen die Energie von außen auf und führen diese dem menschlichen Energiesystem zu.

Das Wort Chakra stammt aus dem Sanskrit und bedeutet so viel wie Rad oder Kreis.

- Wurzelchakra: Rot, Überleben, Urvertrauen, Stabilität, Durchsetzungsfähigkeit und Instinkte
- Sakralchakra: Orange, Sexualität, Gefühle, Kreativität, Begeisterungsfähigkeit, Erotik
- Solarplexuschakra: Gelb, Weisheit, Macht, Wille, Verarbeitung von Erlebnissen und Gefühlen
- Herzchakra: Grün, Liebe, Heilung, Beziehung, Mitgefühl

- Halschakra: Blau, Kommunikation, Ausdruck, Offenheit
- Stirnchakra: Indigoblau, Wahrnehmung, Intuition, Erkenntnis
- Scheitel- oder Kronenchakra: Lila oder Weiß, Spiritualität, die Verbindung zum Göttlichen – unserem Geistbewusstsein, höchste Erkenntnis

Chakrenbilder – Male aus deinem Herzen

Du kannst deine Chakren auch malen und für jedes deiner sieben Hauptchakren ein eigenes Bild kreieren. Ob du dir vorher auf einem Zeichenblatt sieben Kreise aufzeichnest, die jeweils für deine Hauptchakren stehen, oder du einfach kreativ und sensitiv darauf los malst, ist dir persönlich überlassen.

Da unser Herzchakra als Mittelpunkt das Zentrum unserer Hauptchakren ist, würde ich dir empfehlen, in der Mitte des Blattes zu zeichnen beginnen. So verbindest du dich gleich zu Beginn mit deiner Herzensenergie.

Von unten her folgst du dem Verlauf Wurzel-, Sakral- und Solarplexus-Chakra, weiter über das Herz-Chakra nach oben zum Hals-, Stirn- und Scheitel-Chakra. So entdeckst du die Strahlkraft der inneren Schönheit deiner lichtvollen Geistseele und bringst dabei deine gesamte Chakren-Energie in Balance.

Die fertig erstellten Bilder sind reine Seelenbilder und können auch als einzigartige Kunstwerke, von dir selbst erschaffen, zum Energetisieren von Räumen dienen. Male mit Ölfarben, Pastellfarben oder dergleichen.

Wenn du dich mit einem Chakra beschäftigst, begib dich kurz mit einer kleinen Meditation gedanklich in dessen Farbfeld, z.B. Wurzelchakra – Rot. Nimm bewusst Kontakt zu diesem Chakra auf und male in den dazu passenden Chakren-Farben, beim Wurzelchakra in den verschiedensten Rottönen. Gib dabei deiner Kreativität freien Raum.

Es können auch andere Farbaspekte dabei sein, ebenso Symbole, Bilder und Wörter die dir in den Sinn kommen. So wird jedes Chakra ein wunderschönes Farbenspiel oder ein spirituelles Mandala. Sei mutig, lasse dich selbst auf dein Innerstes ein und bringe deine Gefühle, deine Gedanken, die Formen und Bewegungen deiner Chakren zum Ausdruck. Wenn alle Chakren-Bilder fertig sind, betrachte sie und lass sie zu dir sprechen. Was kannst du dabei über dich und dein Leben entdecken?

Meditation Ruhe – Frieden – Stille

- Mache es dir bequem und schließe deine Augen. Mit jedem Ausatmen entspannst du mehr und mehr.
- Begib dich in deiner Phantasie auf einen kleinen Weg, der mitten durch eine Baumallee führt.
- Mit all deinen Sinnen öffnest du dich für die Kraft und Ruhe der Natur.
- Der Weg führt dich zu einem kleinen, strahlend blauen See.
- Visualisiere, wie du dich hinsetzt und deinen Blick auf der Oberfläche des blauen Sees ruhen lässt.
- Entspanne dich, fühle Ruhe, Frieden und Stille.
- Der blaue Himmel und die Sonne über dir lächeln dir zu.
- Atme bewusst ein und aus und denke Ruhe, Frieden und Stille.
- Wiederhole dies mehrmals einige Minuten lang.
- Verweile in deiner Phantasie an diesem Ort, solange du möchtest.
- Du beendest die Übung, wenn du das Gefühl hast, in deine Gegenwart zurückkehren zu wollen.

Konzentriere dich bei dieser Übung anfangs auf dein Gefühl. Dann beginne dir visuell die Landschaft vorzustellen. Mit der Zeit wirst du zentrierter und kannst aus der Stille Kraft schöpfen. Ich empfehle dir, diese Übung regelmäßig zu wiederholen.

Herzensbotschaften – Lasse dein Herz zu dir sprechen

Nimm dir Zeit, einen Zettel und Stift zur Hand. Setze dich hin und komme zur Stille. Konzentriere dich auf ein ruhiges Ein- und Ausatmen. Komme bewusst mit deinen Gedanken und Gefühlen bei dir an. Anschließend konzentriere dich auf dein Herz.

Schließe die Augen und visualisiere, dass dein Herz mit einem Leuchten und Strahlen bedingungsloser Liebe umgeben ist. Sieh es in einem wunderschönen rosafarbigen Farbton. Verweile zirka drei Minuten in dieser Stille. Lasse dir Zeit.

Öffne deine Augen, denke nicht darüber nach und schreibe ganz oben auf den leeren Zettel als Überschrift:

„Liebe/lieber …(dein Name) …, ich – dein Herz – spreche zu dir."
Dann beginne schnell und ohne nachzudenken zu schreiben. Lasse dein Herz sprechen. Vertraue deiner natürlichen Sensitivität und Medialität. Lies das Geschriebene erst, wenn dein Schreibfluss zu Ende ist. Anfangs kann es nur ein Wort sein. Aus diesem Wort wird sich mit der Zeit ein Satz bilden, aus dem später ein ganzer Brief entstehen kann.

Bei den meisten, so die Erfahrungen mit meinen Schülern, entstehen sehr schnell wunderschöne Botschaften aus dem Herzen heraus.
Mit etwas Übung wirst du bald staunen, was du auf deinem leeren Blatt lesen kannst. Anschließend bedanke dich bei deinem Herzen und folge seiner Botschaft.

Zu dieser Übung sagt die geistige Welt:

„Wir Geistführer, Seelenbegleiter und Schutzengel, sind tief verbunden mit der Welt eurer Herzen. Euer Herz hält euch physisch am Leben, um die 100.000 Mal am Tag schlägt es für euch, für euer Leben. Es schlägt und lebt auch als bester Freund, tief in eurer Brust. Es möchte euch den Takt vorgeben, den Takt des Lebens, den Tanz des Lebens. Euer einzigartiges Herz möchte mit euch tanzen. Es möchte gehört und erfühlt werden. Es möchte euer Berater, Fürsprecher, Freund und Begleiter sein. Lachen und Weinen, Singen und Tanzen und dir den Weg weisen. Es möchte Anteil haben an eurem Leben. Ihr seid alle Erdenengel, Herzensengel. Ihr lebt das Leben, das ihr frei gewählt habt. Erforscht euch, erkennt euch selbst. Beginnt auf euer leuchtend-strahlend, göttliches Herz zu hören und nehmt diese Führung an. Es ist der beste Wegweiser und der beste Kompass den es gibt. Tut Gutes und Gutes wird in euer Leben zurückkommen.

Bleibt in Frieden und der Friede wird sich ausdehnen, von euch aus hinaus in die Welt. Lasst eure Herzen zu euch sprechen.“

Unser göttliches Höheres Selbst

Unser Höheres Selbst ist unser wahres ICH, unser höheres Bewusstsein. Wenn wir mit der Geistigen Welt über unser Höheres Selbst Verbindung aufnehmen, dient es wie ein energetischer Frequenzumwandler, der uns hilft diese Botschaften zu empfangen und zu verstehen. Unser Höheres Selbst verarbeitet übersinnliche Wahrnehmungen, es ist unsere wahre Natur, die Quelle höherer Energie und Weisheit. Das Höhere Selbst stärkt unsere Intuition und Kreativität.

Es bringt Klarheit, spirituelles Wachstum sowie Erwachen und tiefe Verbundenheit zu uns selbst und zum Universum. Es gibt uns das Gefühl in Einheit mit der gesamten Schöpfung zu sein, verleiht uns Schutz und

Führung. Unser Höheres Selbst ist unbegrenzt und ewig. Es stellt die Verbindung mit dem göttlichen Funken in uns her.

Nachfolgend findest du drei Vorschläge für Anrufungen zu deinem Höheren Selbst, um damit in Kontakt zu treten, dich zu zentrieren und zu schützen:

„Ich folge meiner inneren Weisheit und bin jetzt bereit,

mit dir, mein göttliches Höheres Selbst, in Kontakt zu treten.

Ich bin einzigartig und außergewöhnlich

und lege mein ganzes Sein in deine liebevolle Führung.

Mit dir verbunden bin ich wahrhaft gesegnet.

In diesem Augenblick bin ich vollkommen und vollendet. Danke"

„Ich bitte voller Segen, mit dir mein Sonnenengel, in Kontakt zu treten.

Ich bitte dich Höheres Selbst, um deine liebevolle Führung

und bin bereit deine Botschaften anzunehmen.

Dein Licht erstrahlt in mir und um mich herum. Danke."

„Liebes Höhere Selbst, ich bitte darum,

dass dein Licht und deine Weisheit die Liebe in meinem Herzen

entzünde,

woraus eine strahlende Lichtkugel mit einem schützenden Lichtfeld

um mich herum entsteht.

Lieber Sonnenengel, breite dein Schutzschild über mich aus

und schütze mich vor negativen Energien und allem Unheil. Danke!"

Chakren-Harmonisierung mit Hilfe deines Höheren Selbst

„Liebes Höheres Selbst, lieber Sonnenengel, erfüllt meine sieben Hauptchakren mit den Farben eines Regenbogens."

„Erfülle mein WURZELCHAKRA mit kraftvollem, rotem Licht.
Mut und Urvertrauen bestimmen täglich mein Leben, entspannt und friedlich nehme ich alle Erfahrungen an. Ich bin fest verankert mit Mutter Erde. Vitalität und Lebenskraft erfüllen mich jetzt. Danke dafür.“
Schließe ein bis zwei Minuten lang deine Augen und visualisiere im Bereich deines Wurzelchakras tiefrotes Licht.

„Stärke mein SAKRALCHAKRA mit leuchtendem, orangem Licht.
Ich lasse Vergangenes los und schreite dem Frieden entgegen. Mein Leben ist wie ein freudvoller Tanz. Leichtigkeit durchflutet mein Sein. Ich danke dir.“
Schließe ein bis zwei Minuten lang deine Augen und visualisiere im Bereich deines Sakralchakras oranges Licht.

„Durchflute mein SOLARPLEXUSCHAKRA mit sonnengelbem Licht.
Ich bin ganz in meiner Mitte und habe die Kraft, die Stärke und Möglichkeit, alles zu verdauen, was mich berührt. Ich verarbeite alle Eindrücke des Lebens mit Leichtigkeit. Danke dafür.“
Schließe ein bis zwei Minuten lang deine Augen und visualisiere im Bereich deines Solarplexuschakras gelbes Licht.

„Durchströme mein HERZCHAKRA mit einem Strahl des smaragdgrünen Lichtes. Mögen meine Selbstheilungskräfte aktiviert werden. Ich bin bereit, alle Ängste loszulassen um Heilung zu empfangen. Ich bitte auch um den rosafärbigen Lichtstrahl der bedingungslosen Liebe, meine Selbstliebe zu stärken und mein Zentrum der Liebe und Beziehungen weit zu öffnen. Ich danke meinem Höheren Selbst.“
Schließe ein bis zwei Minuten lang deine Augen und visualisiere im Bereich deines Herzchakras smaragdgrünes und rosa durchwobenes Licht.

„Erfülle mein HALSCHAKRA mit blauem Licht.

Das blaue Licht unterstützt mich in vollkommener Harmonie zu handeln und zu sprechen. Dabei finde ich meine Wahrheit und bleibe mir selber treu. Danke dafür.“

Schließe ein bis zwei Minuten lang deine Augen und visualisiere im Bereich deines Halschakras blaues Licht.

„Stärke mein STIRNCHAKRA mit indigoblauem Licht.

Mein Denken ist in Frieden, ruhig und ausgeglichen. Voller Klarheit deute ich meine Visionen und Eingebungen. Ich bin auf meinem Seelenpfad göttlich geführt und vertraue meinen Entscheidungen. Danke dafür.“

Schließe ein bis zwei Minuten lang deine Augen und visualisiere im Bereich deines Stirnchakras indigoblaues Licht.

„Erfülle mein SCHEITELCHAKRA mit weiß-goldenem oder lila durchwobenem Licht.

Ich bin verbunden mit dem Strom göttlicher Lebenskraft. Ich stehe unter göttlichem Schutz und bin in Liebe geborgen. All meine Erlebnisse dienen nun dem Wachstum meiner Seele, ich öffne mich dem geistigen Strom der Heilung. Ich bin in vollkommener Einheit zwischen Himmel und Erde und durch mich strömen alle sieben Farbaspekte des Regenbogens. Danke dafür.“

Schließe ein bis zwei Minuten lang deine Augen und visualisiere im Bereich deines Scheitelchakras weiß-goldenes oder lilafärbiges Licht.

Dein Höheres Selbst ist der vollkommene Teil in dir, der du bist und der du schon immer warst. Du bist ein spirituelles Wesen, inkarniert in einem physischen Körper, um dich hier auf Erden weiter zu entwickeln und zu lernen. Dein Überbewusstsein ist dein unsterblicher Wesensanteil in dir.

Insgesamt haben wir drei Bewusst-seinsebenen, dazu gehören noch das Mittlere Selbst (Bewusstsein) und das Niederes Selbst (Unterbewusstsein).

Es kann für deine Entwicklung wichtig sein, regelmäßig eine Verbindung und Einheit mit diesen drei Selbst herzustellen.

Meditation zur Verbindung der drei Bewusstseinsebenen

- Setze oder lege dich hin und komme zur Ruhe.
- Lege deine Hände auf den Bauch und visualisiere um deinen Bauchnabel herum eine in den Farben des Sonnenuntergangs leuchtende Sonne.
- Bewusst spürst du das Zentrum deines niederen Selbst.
- Affirmation: „Ich bin im Urvertrauen, in Frieden und in meiner Kraft."
- Spüre die Wärme deiner Hände und lasse sie zirka drei Minuten liegen.
- Nun lege deine Hände auf deine Brustmitte und verbinde dich gedanklich mit deinem Herzen.
- Visualisiere eine rosafärbig leuchtende Sonne und spüre das Zentrum deines mittleren Selbst.
- Affirmation: „ Aus dem Zentrum meiner Mitte bin ich erfüllt mit der bedingungslosen Liebe der Schöpfung."
- Spüre dabei die Wärme deiner Hände und lasse sie zirka drei Minuten auf deiner Brustmitte liegen.
- Dein mittleres Selbst verbindet sich nun mit deinem niederen Selbst bis tief hinab zu deinen Füßen, ebenso fließt diese Energie über deine Brustmitte hoch hinauf zu deinem höheren Selbst bis über deinen Kopf.

- Anschließend leg deine Hände auf deine Stirn. Beobachte über dir, wie eine goldene Sonne zu strahlen beginnt. Lasse ebenso deine Hände drei Minuten lang liegen.
- Affirmation: „Ich bin gesegnet mit Weisheit. Ich bin in Einklang mit meiner Kraft und meinem Sein."
- Genieße die Zeit und spüre die Verbindung und Vereinigung der drei Selbst, die ein riesiges Lichtfeld um dich herum entstehen lassen. Sieh es in den leuchtendsten Farben eines Regenbogens oder in der Farbe reinen Goldes.

Die geistige jenseitige Welt

Jeder Mensch hat übersinnliche Begabungen. Vertraue dir und deiner Wahrnehmung. Entwickle deine sensitiven und medialen Fähigkeiten. Alle Übungen haben eine größere Wirkung, wenn du deine übersinnlichen Fähigkeiten regelmäßig entwickelst und trainierst.

Die geistige Welt lässt uns folgendermaßen wissen, dass sie in unserer Nähe ist. Wenn wir im Alltag bereit sind und aufmerksamer werden, können wir diese Zeichen leicht wahrnehmen:

- Aus dem Nichts umgibt dich plötzlich ein Gefühl von Wärme, Sicherheit und Geborgenheit oder das Gefühl einer liebevollen Umarmung.
- Du spürst plötzlich, wie dich jemand sanft im Gesicht oder am Kopf berührt oder streichelt. Aus dem Nichts siehst du plötzlich Lichtfunken, Blitze oder färbige Nebel. Besonders Engel kann man oft wie bunte Felder und strahlende Lichter wahrnehmen.
- Auch über unsere Träume versucht die geistige Welt mit uns regelmäßig Kontakt aufzunehmen.

- Du hörst beim Einschlafen oder Aufwachen neben dir eine Stimme, die deinen Namen ruft.
- Wie durch Zufall hörst du immer wieder das gleiche Lied oder ein besonderes Lied, das in dir eine besondere Erinnerung hervorruft.
- Liebevolle, blumenähnliche Düfte sind wahrnehmbar oder auch Düfte, die du mit einem lieben Verstorbenen verbindest.
- Besonders Verstorbene machen sich immer wieder über Elektrogeräte bemerkbar, wie ständig flackernde Lampen im Raum, Lampen die häufig durchbrennen, Radios die von alleine angehen oder wenn ein bestimmtes Lied gespielt wird. Über das Telefon, wo manchmal ein Anruf kommt und niemand dran ist. Elektrische Haushaltsgeräte, die sich von alleine ein- und ausschalten, ohne dass jemand in ihrer Nähe ist. Solche Phänomene können auch über den Computer oder das Handy passieren.
- Uhren, die genau zur Todesstunde eines lieben Verstorbenen stehen bleiben.
- Läuten an der Haus- oder Wohnungstüre und niemand steht davor.

Solche Zeichen sind mir aus Erzählungen und Erfahrungen meiner Klienten sehr wohl bekannt. Als ich einmal für zwei Damen in meinen Praxisräumen ein Reiki-Meister-Seminar abhielt und sich unser Gespräch auf Engel und deren Wirkungskräfte konzentrierte, fielen aus unerklärlichen Gründen, drei ganz kleine zarte und zerbrechlich wirkende Federn von der Decke. Wir alle konnten es uns nicht erklären, woher diese kamen. Beide Damen arbeiten auch heute noch in der feinstofflichen Energetik und Geistheilung.

Meditation – Kontakt mit der geistigen Welt

- Komme in deinen klaren Verstand, entspanne dich, sei aufgeschlossen und lasse dich von nichts stören oder ablenken.
- Schließe deine Augen, konzentriere dich und beobachte einige Minuten lang deinen Atem. Entspanne dich dabei.
- Visualisiere mit deinem inneren Auge zwei große, erhabene und goldene Türflügel. In der Mitte haben sie einen großen, schön verzierten Ring, womit sich diese zwei Türen leicht öffnen lassen.
- Stelle dir nun vor, du öffnest diese zwei Türen und du kommst in einen großen, von Licht erfüllten Raum und eine sehr positive und lichtvolle Stimmung begrüßt dich. Du fühlst dich augenblicklich wohl und geborgen.
- Gehe mit ein paar Schritten in diesen Raum hinein. Mit deinen Füßen berührst du einen wunderschönen, weißen Marmorboden. In der Raummitte stehen stilvolle Kerzenständer mit brennenden Kerzen auf einem kleinen runden Holztisch. Neben diesem Tisch siehst du zwei gleiche, mit wertvollem Stoff überzogene Holzstühle, die nebeneinander stehen. Du fühlst dich vollkommen in Sicherheit und setzt dich bequem in den linken Stuhl.
- Große geöffnete Bogenfenster reichen bis an die Decke und die hereinströmende Luft bewegt leicht die langen und hellen Vorhänge.
- Wenn du aus dem Fenster schaust, siehst du eine himmelsblaue Atmosphäre. Eine magische Stille beginnt dich zu umgeben, die du genießt.
- Du spürst, dass du an einem heiligen Ort bist. Hier ist ein Platz der Ruhe und des Friedens.
- Der Stuhl zu deiner Rechten ist noch leer.

- Du bittest nun dein Höheres Selbst, es möge dich mit dem schützenden Licht des Heiligen Geistes umgeben.
- In dieser Stille nimmst du nun eine Bewegung zu deiner Rechten wahr. Du wendest ihr dein Gesicht zu und siehst eine Gestalt herbeikommen, die sich rechts an deine Seite auf den leeren Stuhl setzt.
- Völlig angstfrei nimmst du ein Gefühl von Liebe und Geborgenheit wahr. Du weißt, du bist beschützt durch das Licht des Heiligen Geistes, wo keine Dunkelheit und kein Schaden zu dir durchdringen können.
- Die Gestalt sitzt nun neben dir, sie ist geduldig, offen und für dich deutlich wahrnehmbar.
- Spüre den Segen ihrer Anwesenheit.
- Beginne nun gedanklich mit dieser Gestalt zu sprechen. Verwende dabei all deine Hellsinne. Stelle Fragen aber höre ihr auch zu.
- Wer ist diese Gestalt? Ist es dein Schutzengel, dein Geistführer, ein anderer Seelenführer oder Begleiter, oder einer deiner Lieben aus dem Jenseits?
- Heiße jeden Willkommen, wer kommen mag und für dich wichtige Botschaften hat.
- Lasse dir für dieses Gespräch so lange Zeit, wie es notwendig ist. Genieße es in dieser einzigartigen Energie und Verbindung zu sein.
- Anschließend bedanke dich bei deinem Besuch. Beobachte, wie sich die Gestalt von dir verabschiedet und entfernt.
- Nimm noch einmal kurz diese Stille und deinen inneren Frieden wahr und visualisiere, wie du aus deinem Holzstuhl aufstehst und über die zweiflügelige goldene Tür diesen heiligen Ort verlässt.

- Komme langsam zurück in deine Gegenwart und öffne deine Augen.

Meditation zu deinem Schutzengel

Alle meine Meditationen kannst du auch selbst sprechen, auf ein Aufnahmegerät speichern und anschließend wieder abspielen.

Bei der folgenden Übung kannst du vorher darum bitten, deinem Schutzengel zu begegnen. Nach der Übung halte dir alle Erfahrungen schriftlich fest, um dich später daran erinnern zu können.

- Entspanne dich, komme bei dir an und schließe deine Augen.
- Gehe in die Stille.
- Vor deinem geistigen Auge siehst du eine bunte Blumenwiese.
- Du bist umgeben von einem warmen Sommertag und ein leichter Windhauch streift über deine Haut.
- Auf dieser Blumenwiese fliegen Schmetterlinge in den buntesten Farben umher.
- Stelle dir vor, du setzt dich einen Moment auf die bunte Blumenwiese und beobachtest eine Zeit lang die weißen Wolken am Himmel.
- Du fühlst dich ganz entspannt.
- Tauche ein in die Schönheit der Natur und entfliehe deinem Alltag. Innere Ruhe und Stille begleiten dich.
- Jemand ruft deinen Namen und du drehst dein Gesicht in diese Richtung.
- Du siehst zirka zwei Meter von dir entfernt einen großen, strahlenden Engel stehen.

- Langsam kommt er auf dich zu. Seine liebend sanfte Energie beginnt dich einzunehmen und du fühlst dich tief berührt, geborgen und beschützt.
- Um dich herum wird es immer heller und lichtvoller.
- Dein Schutzengel kommt dir entgegen und spricht: „Ich bin immer bei dir, ich liebe dich und unterstütze dich. Höre hin, was ich dir zu sagen habe …!"
- Lausche nun der Botschaft deines Schutzengels.
- Verwende alle deine Hellsinne. Betrachte die Größe, die Farbe, die Gestalt, die Aura und das Lichtfeld dieses Engels.
- Du fühlst nur Freude. Genieße diesen Zustand eine Weile lang.
- Wenn du soweit bist, verabschiedet sich dein Schutzengel und zieht sich über die bunte Blumenwiese zurück.
- Langsam lösen sich die Bilder dieser Landschaft wieder auf. Du nimmst wieder deine Umgebung und deine Gegenwart wahr.
- Atme einige Male tief ein und aus, dann öffne deine Augen.

Botschaft deines Schutzengels – während ich diese Übung geschrieben habe:

„Ich bin dein Schutzengel und begleite dich Tag für Tag deines Seins. Ich schreite als machtvolle Kraft an deiner Seite, helfe dir dabei, schwierige Hindernisse zu überwinden, bitte dich, jeden Tag neu und dankbar zu beginnen, nach vorne zu schauen, Lernlektionen zu verstehen und ein erfülltes, zufriedenes Leben zu leben. Ich, dein Schutzengel bitte dich darum, auf meine Zeichen und Botschaften zu achten, sie zu erkennen, sie zu durchschauen. Ich führe dich stets auf deinem Weg. Vertraue und erkenne an, unser Dasein, unsere Existenz, unsere Fürsorge um euch Menschenkinder. Nimm unsere Führung, unsere Stimme tief in deinem

Herzen wahr, habe niemals Angst vor Entscheidungen. Glaube an dich und vertraue dir!"

Meditation – Spaziergang mit deinem Geistführer

Du kannst diese Übung mit geschlossenen Augen wie eine Meditation durchführen, aber auch in der ungestörten Natur, an deinem Lieblingsplatz. Dann wird die Übung zu einer Gehmeditation, eine traditionelle und jahrhundertealte Meditationsform. Eine Gehmeditation gehört zu den aktiven Meditationen und kann für dich ein Vorteil sein, wenn du Schwierigkeiten beim langen Sitzen hast. Diese Form der Meditation entsteht, wenn deine Bewegung mit Körper und Geist verschmelzen und deine Achtsamkeit vollkommen in der Gegenwart ist. Dabei gehst du viel langsamer und achtsamer, als bei einem Spaziergang. Dabei liegt die Konzentration im langsamen Gehen und es werden dadurch tiefe Einsichten oder sogar Erleuchtung erlangt. Gehmeditationen werden ebenfalls in verschiedenen Religionen praktiziert.

Bei der Übung in der Natur, lasse die ersten Zeilen meiner Meditation weg und beginne mit offenen Augen in deiner Gegenwart an deinem Lieblingsplatz und anstatt dem Rosengarten nimm dir die wichtigsten Schritte aus der Meditation, die du für notwendig findest, um mit deinem Geistführer einen Spaziergang zu unternehmen. Konzentriere dich dabei auf deine Landschaft und Umgebung.

Bei meinen Ausbildungen als Medium fand ich diese Art von Meditation besonders inspirierend und im Umgang mit unserer Medialität und Sensitivität sehr natürlich und authentisch. Deine geistige Führung kann sowohl männlich als auch weiblich sein. Zur leichtern Lesbarkeit habe ich bei meinen Meditationen nur die männliche Form gewählt.

- Suche dir einen ruhigen Platz und entspanne dich.
- Du schließt deine Augen und fängst dabei an, ein wenig zu träumen.
- Du befindest dich in einem märchenhaft angelegten Rosengarten, mit einer Vielzahl von Rosensorten darin.
- Du atmest tief ein und wieder aus und entspannst dabei tiefer und tiefer.
- Du erblickst einzigartige Rosenbeete in den schönsten Farbtönen und einladend angelegte Wege, um darin einen Spaziergang zu unternehmen.
- Beachte bewusst die Natur um dich. Aus dem blauen Himmel über dir, schickt dir die Sonne tausende zarte und warme Strahlen, die auf deiner Haut zu tanzen beginnen.
- Wenn du durch die Nase einatmest, riechst du den Duft der Rosen.
- Du beginnst die klein angelegten Wege des Rosengartens zu beschreiten. Spüre bewusst die Aufmerksamkeit an deinen Füßen und den Boden unter dir. Bewege deine Füße langsam, Schritt für Schritt vorwärts.
- Wenn du merkst, dass dein Geist und deine Konzentration wandern, denke bewusst an deinen Atem, an deine Schritte, spüre den Boden unter deinen Füßen und gebe dich der Erfahrung hin, dass das meditative Gehen durch diesen Garten völlig absichtslos geschieht.
- Wenn du magst, kannst du dich gerne mit deinem Höheren Selbst verbinden.
- Schweife mit deinem Blick über die wunderbaren Rosenblüten (oder die eigene Naturerfahrung) und lasse dich durch sie in die Tiefe und in die Stille geleiten.

- Mit den nächsten Schritten kommst du zu einem wunderschönen Pavillon. Ein paar Stufen führen dich hinauf und von der leichten Anhöhe weg, lässt sich das gesamte Rosarium in aller Pracht erblicken. Bitte jetzt deinen Geistführer, sich bei dir bemerkbar zu machen. Habe Geduld und entspanne dich.

- Von diesem Pavillon aus spazierst du nun ganz gelassen wieder weiter, denn deine ganze Aufmerksamkeit richtet sich auf ein edles Rosenbeet.

- Du suchst dir einen der vielen gewundenen Wege aus, um dorthin zu gelangen.

- Während du ganz langsam und in jeder Bewegung und jeden Schrittes bewusst diesem Rosenbeet näher kommst, schreitet von dir unbemerkt an deiner linken Seite dein Geistführer zu dir herbei.

- Freude und Geborgenheit überkommen dich.

- Er kommt näher und begleitet dich auf deinem Spaziergang.

- Er berührt dabei deine linke Hand und beginnt mit dir zu sprechen.

- Höre, in welcher Tonlage er zu dir spricht und was er dir zu sagen hat. Fühle, welches Gefühl er dir vermittelt. Schaue, was er dir symbolisch in diesem Rosarium zeigt und lausche seiner Botschaft und wie er darüber beginnt, dir aus deinem Leben und deinem Lebensplan zu erzählen.

- Lerne deinen Geistführer kennen. Natürlich darfst du auch Fragen stellen. Verwende alle deine Hellsinne dazu.

- Wie lange begleitet er dich schon? Wer ist er und woher kommt er? Was erzählt dir dein Geistführer über seine Existenz?

- Welche Gefühle nimmst du bei diesem Kontakt wahr, wie Wärme, Hitze, Kribbeln, Kälte, Windhauch, Gänsehaut, Liebe, Geborgenheit …? Beim Kontakt mit einem feinstofflich höher schwingenden Wesen ist es normal, dass sich die Frequenz um dich herum verändert.

- Gib dich deiner Erfahrung hin. Hand in Hand spaziert ihr zu diesem beeindruckenden Rosenbeet. Spüre den Kontakt über deine Hand.
- Wenn es Zeit ist diesen Kontakt zu beenden, wirst du es spüren.
- Dein Geistführer verabschiedet sich nun von dir.
- Während dein Blick über das farbenfrohe und aufgeblühte Rosenbeet schweift, lässt er deine Hand los und geht langsam von dir weg.
- Setze deinen Spaziergang noch einige Minuten fort und denke über das Geschehene nach.
- Konzentriere dich auf deinen Atem und auf deinen Körper.
- Im Erspüren deiner Gegenwart kommst du aus deinem traumähnlichen Zustand wieder zurück ins Hier und Jetzt und öffnest deine Augen.

Meditation – Picknick mit deinem Geistführer

- Setze oder lege dich ungestört auf deinen Wohlfühlplatz und schließe deine Augen. Konzentriere dich ein paar Minuten lang auf deine Atemzüge.
- Visualisiere einen traumhaften Platz in der Natur. Sei es ein Park, ein Garten, eine Waldlichtung, ein Platz am See, eine ferne Insel oder eine Anhöhe in einer Gebirgslandschaft.
- Dann stelle dir vor, du sitzt dort auf einer Picknickdecke und erwartest noch einen Freund.
- Aus deinem Herzen entsteht eine Regenbogenbrücke, die hinauf in den Himmel, ins Universum fließt, weit über den Horizont hinaus.

- Diese Landschaft und alles was dich umgibt, erscheinen dir wie ein Wunder. Die Vielfalt der Natur, der bunte Regenbogen, der blaue Himmel. Es steigt das Gefühl in dir auf, dass wir alle nicht alleine im Universum sind.
- Über die Regenbogenbrücke siehst du eine Lichtersphäre auf dich zukommen.
- Tiefe Verbundenheit nimmst du wahr. Je näher das Licht auf dich zukommt, desto klarer kannst du erkennen wer sich in diesem Licht befindet. Die färbige Lichtersphäre strahlt wundervoll in ihrer Präsenz.
- Du siehst deinen Geistführer klar und deutlich vor dir und du spürst die Verbindung eurer Herzen und ein lichtvolles Feld voller Schutz und Geborgenheit umgibt dich.
- Dein Geistführer steigt aus der Lichtersphäre heraus und nimmt freundschaftlich den Platz neben dir auf der Decke ein.
- Du beginnst nun ein freundschaftliches Gespräch. Betrachte dabei die Gestalt, die Kleidung, das Gesicht, die Hände und die Hautfarbe. Zeigt dir dein Geistführer ein wichtiges Symbol aus seiner Vergangenheit und Herkunft?
- Frage nun, was dich interessiert und achte auf die Botschaften und Bilder, die er dir mitteilt und zeigt.
- Frage auch, welche wichtige Botschaft er für dich hat.
- Genieße die Situation, bis es Zeit ist, diese Übung zu beenden.
- Verabschiede dich von deinem Kontakt und beobachte, wie dein Geistführer zurück in die Lichtersphäre geht und sich von dir über den Regenbogenstrahl zurück ins Universum entfernt.
- Öffne deine Augen und komme klar in deine Gegenwart zurück.

Briefe an die geistige Welt – Übung

Du kannst mit diesen Übungen dein Anliegen an deine geistige Führung oder an einen lieben Verstorbenen richten.

Brief an deine geistige Führung (Schutzengel, Geistführer und andere lichtvolle Seelenbegleiter):

- Nimm dir einen Stift und ein Blatt Papier zur Hand.
- Suche dir einen ruhigen Ort und richte dir diesen Platz so angenehm wie möglich her. Schmücke ihn mit Blumen und Edelsteinen. Zünde eine Kerze an und verwende biologische Raumsprays oder ätherische Öle zur Entspannung.
- Schließe für ein paar Minuten deine Augen und komme bewusst zu dir.
- Öffne deine Augen und schreibe all deine Wünsche, dein Herzleid, deine Anliegen und Sorgen, aber auch deine Freuden und für alles was du dankbar bist in deinem Leben, auf den leeren Zettel.
- Lies ihn anschließend noch einmal durch und verbrenne ihn danach an einem sicheren Ort und vertraue darauf, dass die Energie des Feuers deine Worte an ihr göttliches Ziel übermittelt.

Brief zu deinen Lieben im Jenseits – Übung

- Schaffe dir ebenfalls, wie oben beschrieben, einen ruhigen und angenehmen Platz.
- Nimm dir einen Stift und Papier zur Hand und schließe deine Augen. Gib dir einige Minuten der Stille und richte deine Konzentration an einen deiner lieben Verstorbenen in der geistigen Welt.

- Öffne wieder deine Augen und beginne den Namen der geliebten Person auf den Zettel zu schreiben, wie bei einem Brief an sie.

- Lasse auch deine Trauer zu, denn sie ist eine Form der Liebe und Liebe verbindet diese Welten.

- Fange an die ersten Sätze zu schreiben, wie es dir in den letzten Wochen, Monaten oder Jahren ergangen ist. Schreibe deine ganzen Gefühle nieder, auch wie du mit ihrem Verlust umgehst und welche schönen Erinnerungen dich noch immer in Gedanken an diesen Menschen begleiten.

- Schreibe alles auf, was dir wichtig ist und lasse dir dabei Zeit. Anschließend kannst du diesen Brief wieder im Feuer verbrennen und so dem Jenseits übergeben.

Mediale Briefe – Empfangene und geschriebene Botschaften aus der geistigen Welt – Übung

Diese Form der Medialität nennt man auch automatisches oder mediales Schreiben. Über diese Art der Medialität kannst du Kontakt mit deinem Höheren Selbst, Geistführer, Schutzengel, Engel oder Erzengel und Verstorbene aufnehmen. Hier ist zu Beginn ein meditativer Zustand erforderlich. Man wählt am besten wieder einen Raum, wo man nicht abgelenkt ist. Über diese Technik kannst du Botschaften, mediale Gedichte und Texte, Symbole, Bilder und sogar Zeichnungen empfangen. Eine Empfehlung an meine Schüler ist, niemals darüber nachdenken, was man aufschreibt oder zeichnet. Frei sein von Beurteilung, Offenheit, Bereitschaft und die Liebe zur geistigen Welt sind dabei die besten Lehrmeister.

- Komme innerlich zur Ruhe und suche dir einen ungestörten Ort aus.
- Nimm einen Stift und ein Blatt Papier zur Hand.
- Erschaffe dir kleine Rituale, die du zu Beginn und zum Abschluss dieser Übung verwendest.
- Schließe für ein paar Minuten die Augen und gehe in eine kleine Meditation oder Achtsamkeitsübung, die dich tief entspannen lässt. Verwende dazu ein Heilgebet, Mantras oder Affirmationen. Auch sanfte Entspannungsmusik im Hintergrund kann hilfreich sein.
- Verbinde dich mit deinem Höheren Selbst, rufe deine geistige Führung an deine Seite.
- Konzentriere dich auf deine Hände und lockere sie. Beim medialen Schreiben beginnst du natürlich damit, die ersten Worte oder die ersten Sätze niederzuschreiben. Aber immer mehr wird deine Hand durch die geistige Welt gelenkt.
- Öffne deine Augen, nimm den Stift zur Hand, folge deinen Händen und nicht mehr deinem Verstand. Bleibe tief im Zustand deiner Entspannung.
- Schreibe, male, zeichne, stelle Fragen und schließe mit kurzen Schreibpausen deine Augen.
- Konzentriere dich immer wieder auf deine Quelle (Geistführer, Engel, Verstorbene). Diesen Rhythmus wiederhole einige Male.
- Aus einem Wort wird ein Satz. Aus einem Satz wird eine Geschichte. Gib dich deinem intuitiven und medialen Schreibfluss hin.
- Beim Beenden dieser Übung, bedanke dich bei deinem Kontakt.

Segnungen und Heilgebete – Die heilbringende Macht des gesprochenen Wortes

Heilung durch unser gesprochenes Wort, das heißt, das Göttliche darum bitten, sich um einen Menschen oder eine Angelegenheit anzunehmen. Segnungen und Heilgebete zählen zu den ältesten Heilkräften überhaupt. Sie sind in allen Kulturen und Religionen bekannt. Dabei kann es sich um Menschen, unsere Beziehungen, um Tiere und Pflanzen, unsere Nahrung, alltägliche Situationen, aber auch um Orte, Plätze, Gebäude und Objekte handeln. Auch bei einer Geburt, zum Geburtstag, dem Anfang eines neuen Projekts, beim Umzug, bei Krankheit und Verlust eines lieben Menschen sollte auf einen Segen nicht vergessen werden. Wir schenken unserem Gegenüber dabei Zuwendung und stärken ihn in seiner Situation. Beginne jeden Tag mit einem Segen. Über die Zeit wird sich Vieles zum Guten wenden. Der Segen aus unserem Herzen gesprochen, tief aus dem Zentrum der bedingungslosen Liebe, soll den Gesegneten auf einen glücklichen, förderlichen und sinnhaften Weg führen.

Wenn wir segnen und Heilgebete für Jemanden aussprechen, laut oder in Gedanken in der Stille, fließt augenblicklich feinstoffliche, kosmische Energie dorthin und bildet ein wunderschönes, färbiges Lichtfeld um den Empfänger.

Du kannst deinen Segen denken, fühlen, sagen oder auch schreiben. Augenblicklich beginnt er zu wirken.

Nachstehend einige Vorschläge für segensreiche Worte. Lasse dabei deiner eigenen Kreativität freien Lauf. Worte, tief aus deinem Herzen gesprochen, sowie die bewusste Verbindung und Bereitschaft mit der göttlichen Quelle, sind die beste Voraussetzung um einen guten Zugang zum Segnen zu finden.

Segnungen für den beginnenden Tag

„Möge heute die Quelle Gottes, wie eine Sonne über mich leuchten und strahlen. Sie begleitet mich voller Schutz und Geborgenheit durch den heutigen Tag."

„Ich bitte die lichtvolle und liebevolle Welt des Universums um ihren Segen. Ich bin heil und beschützt in jeder Situation des heutigen Tages."

*„Lieber Schutzengel, liebe lichtvolle geistige Welt,
ich bitte um euren Segen,
von euch heute liebevoll geführt und getragen zu werden
und unter eurem Schutze zu stehen."*

„Voller Segen der geistigen Welt erkenne ich jetzt meinen Weg und meinen Seelenplan. Heute fällt es mir besonders leicht, mir etwas Gutes zu tun und die nächsten wichtigen Schritte dazu zu vollbringen."

*„Voller Segen spüre ich heute die Liebe der göttlichen Quelle.
Sie begleitet mich."*

*„Liebe lichtvolle göttliche Welt. Ich erbitte um Segen und Führung
für mein Erdenleben und den heutigen Tag."*

*„Ich segne voller Liebe den heutigen Tag,
lasse negative Gedanken los und öffne mich für Positives.
Frieden umgibt mich heute Innen wie Außen."*

*„Liebe lichtvollen Begleiter, segnet mein Dasein und mein Leben,
denn ich habe inkarniert und dieses Leben gewählt, um Lieben zu
lernen."*

Segnung für meine Familie

*„Meine Familie segne ich mit der Kraft der göttlichen und
bedingungslosen Liebe."*

Segnungen für jemand anderen

*„Ich bitte um kosmischen Segen für (Name) …, möge eine lichtvolle
Seele dein Leben betreten, dich führen und unterstützen
wo du gerade Hilfe und Unterstützung brauchst.
Die geistige Welt sei mit dir."*

*„(Name) …, ich wünsche dir, dass du auf all deinen Wegen
Vertrauen zu dir selbst hast,
an dich glaubst und jeden Tag mit einem Lächeln beginnst.
Möge das göttliche Licht dir den Weg weisen."*

*„Ich segne dich (Name) …, mit dem Licht und der Kraft der
bedingungslosen Liebe. Finde Erfüllung und Freude bei all deinen
Vorhaben und lasse dich auf all deinen Wegen vom Glück bereichern alle
Tage."*

Segen für unseren Planeten Erde und die Natur

*„Ich bitte alle spirituellen Helferwesen um ihren Segen und um ihre
Unterstützung. Uns wurde die Erde anvertraut. Mögen alle Menschen
liebevoll und respektvoll mit der Natur, den Pflanzen,
den Tieren und dem Wasser wertschätzend umgehen.
Legt euren Segen auf diese Welt.“*

Segen für unsere Nahrung

*„Möge der göttliche Segen in meine Nahrung hineinströmen.
Sie ist bekömmlich, verträglich und heilbringend für mich.“*

Segen für die Zukunft

*„In Anwesenheit meiner Engel segne ich meine Zukunft und in diesem
Augenblick beginnt sie, sich positiv und segensreich zu verändern.“*

*„Liebe geistige, göttliche Welt. Ich danke für die Einsichten und
Erkenntnisse meiner Zukunft. Ich bitte um Segen und Heilkraft für meinen
Lebensweg.“*

Segen für dein Zuhause

*„Lieber Geistführer, ich bitte um die reinigende und transformierende
Kraft des göttlichen Lichts. Erfülle diesen Raum, mein gesamtes Zuhause
und mein Grundstück mit dieser kraftvollen Energie. Dein lichtvoller Segen
löst alles Negative und Belastende vollkommen auf. Im Namen des
göttlichen Lichts. Danke.“*

Spirituelles Heilgebet

„Lieber Schutzengel, durch deine Anwesenheit tauche ich tief in die
Einheit göttlichen Lichts und in die Quelle göttlichen Heilstroms ein.
In mir wohnt eine tiefe Harmonie
und in dieser Stille finde ich Kraft und Erneuerung.
Frieden ist die Wahrheit meines Lebens. Mein Herz öffnet sich für Liebe
und Akzeptanz. Durch die Kraft der Vergebung heile ich meine Seele.
Lieber Schutzengel, ich verbinde mich mit deiner Energie und lasse sie
durch mich hindurch strömen.
Ich bin strahlend, kraftvoll, gesund und lebendig.
Ich bin ein offener Kanal für göttliche Licht- und Heilenergien.
Deine Kraft heilt und wirkt. Danke."

Schutzgebet der Sieben Erzengel

„Vor mir Erzengel Raphael,

lenke den smaragdgrünen Lichtstrahl deiner Heilkraft auf mich. Möge dieser Strahl Regeneration und Gesundheit in mein Leben bringen. Dieses göttliche Licht versetzt mich in Harmonie und Wohlbefinden. Ich danke dir für die Wiederherstellung meines inneren und äußeren Gleichgewichts.

Hinter mir Erzengel Gabriel,

der strahlende Bote des weißen Lichts. Erfülle mich mit deiner Wahrheit und Klarheit. Schenke mir Inspiration und die Vision, meinen Lebensweg deutlich zu erkennen. Führe mich weise und liebevoll, sodass ich in Eintracht und Frieden voranschreiten kann. Ich danke für deine göttliche Führung und das Licht, dass du in mein Leben bringst.

Zu meiner Rechten Erzengel Michael,

reinige mit dem Strahl des blauen Lichts mein Energiefeld von allen negativen und belastenden Einflüssen, die mich umgeben. Schenke mir Mut und unerschütterliche Stärke, um unwichtige Bindungen zu erkennen und sie loszulassen. Befreie meinen Körper, Geist und Seele von allem, was mich zurückhält und führe mich in eine neue Dimension der Freiheit und der inneren Ausgeglichenheit. Ich danke dir für deinen unermüdlichen Schutz auf meinem Weg und die Befreiung von allen meinen Ängsten.

Zu meiner Linken Erzengel Uriel,

Träger des roten Lichtstrahls. Durchströme mich mit deiner kraftvollen Lebensenergie. Lasse deine Wahrheit in meinem Herzen erstrahlen und schenke mir die innere Stärke, mit Ruhe und Klarheit meine nächsten Schritte voller Sicherheit und Vertrauen gehen zu können. Ich danke dir für die Verbindung mit der mächtigen Kraft von Mutter Erde.

Über mir Erzengel Jophiel,

sende deinen goldgelben Strahl der Erleuchtung über mich, um meinen Geist mit Weisheit zu erhellen und zu inspirieren. Möge mein göttliches Wesen durch deine weise Führung erblühen und sich entfalten. Ich danke dir für deine lichtvolle Präsenz, die mein Leben bereichert und meinen Weg erhellt.

Unter mir Erzengel Zadkiel,

entfache deine mächtige violette Flamme der Transformation in meinem Leben. Hilf mir alle negativen Energien aufzulösen und sie in positive Kräfte umzuwandeln. Möge dein Licht in, um und durch mich lodern. Erlöse mich von negativem Karma und Wunden früherer Leben. Durch dich erfahre ich Toleranz, Vergebung und Gnade. Mein geistiges und spirituelles

Bewusstsein erwacht, sodass ich mich wieder an meinen, von mir selbst angelegten Lebensplan erinnern kann.

Aus meiner Mitte heraus Erzengel Chamuel,
des rosafarbenen Lichtstrahls der Liebe und Glückseligkeit. Dein Licht wirkt aus meiner Mitte und erfüllt mein Herz mit Selbstliebe, Barmherzigkeit und Nächstenliebe. Ich bin jetzt bereit, mein Herz für die Liebe zu öffnen und jeglichen Schmerz für inneren Frieden und Hoffnung einzutauschen.

Hilf mir allen Menschen zu vergeben, die mir emotionale und mentale Narben zugefügt haben. Möge deine göttliche Energie meine Beziehungen mit Wärme, Trost und Verständnis erfüllen. Ich bin reine Essenz göttlicher Liebe und ich danke dir dafür, Antworten meiner Seele im Herzen zu finden.

Himmlische Erzengel, mächtige Wächter. Ihr seid der Schutzkreis himmlischer Gnadenstrahlen. Möge eure göttliche Führung mich leiten und beschützen. Danke!"

Die Macht des Wortes

Diese fünf kurzen aber sehr machtvollen Sätze, hat mir eine Heilerin auf dem Weg meiner Entwicklung mitgegeben. Der Urheber ist mir leider unbekannt, möchte sie aber trotzdem gerne mit dir teilen.

- Möge jetzt all mein Übel weichen.
- Möge ich jetzt alle meine positiven Ziele erreichen.
- Mögen jetzt alle meine guten Wünsche und Träume in Erfüllung gehen.
- Möge jetzt eine machtvolle Seele hilfreich an meiner Seite stehen.
- Denn jetzt ziehe ich alles Positive an und stärke mich daran.
- So sei es! So sei es! So sei es!

Diese fünf Sätze, regelmäßig und mehrmals (dreimal) über einen längeren Zeitraum, mindestens 3 Wochen lang gesprochen, bringen viel Gutes und Positives in dein Leben und so mancher Wunsch, wenn er im Einklang mit deinem Leben steht, kann in Erfüllung gehen.

Liebe ist das Licht der Seele,

in dem alles, was man wahrnimmt,

Wahrheit ist.

Sie ist auch das Feuer des Geistes,

durch das alles Niedrige

in Gutes verwandelt wird.

(Nilakanta Sri Ram – indischer Autor)

Danksagung

Dieses Buch entstand aus dem Wunsch der geistigen Welt heraus, meine Lebensgeschichte hier niederzuschreiben und so auch den Menschen von der spirituellen und geistigen Welt zu erzählen.

Zuerst möchte ich der Göttlichen Quelle danken, die ich als Ursprung von allem sehe und die wir unter dem Namen Gott – Jehova – Allah – Göttliches Wesen und dergleichen kennen. Ich bedanke mich bei meinen himmlischen Führern und Lehrern, die mich mit ihrer Weisheit und Kraft geführt und mich auf der Suche nach meiner Wahrheit zu meinem Herzensfrieden gebracht haben. Ich danke meinen Geistführern und der Engelswelt für ihre Führung bei meiner täglichen Arbeit, ihre Liebe und ihre unendlich heilbringenden Energien.

Mein besonderer Dank gilt auch meinem Mann, besten Freund und Seelengefährten Anton, der mich in jeder Phase dieses Buches unterstützt hat und nicht müde geworden ist, mit mir gemeinsam die Lektorenarbeit und Manuskripterstellung zu meistern.

Großer Dank gilt auch meinen besten Freundinnen Claudia und Gerlinde. Ihr habt mich immer unterstützt und an jeden meiner Schritte und Projekte geglaubt. Danke für euer Dasein, ihr seid meine Seelenschwestern.

Ich möchte auch allen meinen Klienten und Seminarteilnehmern für ihr Interesse und das Vertrauen an meine feinstoffliche Körperarbeit und Medialität danken. Ich hoffe, eure Erwartungen wurden erfüllt und ich durfte euch Einblicke in die geistige Welt und für eure unsterbliche Seele geben.

Ein besonderer Dank gilt natürlich Frau Tamara Daicu, Autorenbetreuerin und dem Trainer Verlag, die durch meinen Internetauftritt auf mich aufmerksam wurden und mir die Möglichkeit gegeben haben, dieses Buch zu publizieren.

Liebe Leserin, lieber Leser!

In meinem Buch wählte ich aufgrund der leichteren Lesbarkeit die männliche Form bzw. die männliche Anrede. Mein Respekt gilt gleichermaßen jedem Geschlecht, sei es männlich, weiblich oder divers. Ihr alle seid wundervolle Seelenlichter, inkarniert in einem einzigartigen Menschenkörper, geboren hier auf Erden.

Mit diesem Buch möchte ich dir gerne einen wichtigen Teil aus meinem Leben erzählen, da ich immer wieder von vielen Menschen gefragt wurde und werde, wie und warum ich auf meinen Weg als feinstofflich-mediale Energetikerin und Medium gekommen bin.

Einige Erlebnisse habe ich niedergeschrieben, alle würden den Rahmen sprengen und sind auch nicht notwendig, um dir einen kleinen Einblick in meine „etwas andere Welt" zu ermöglichen.

Schicksalshaft ist dir wahrscheinlich dieses Buch „zugefallen", darum hältst du es jetzt in deinen Händen und glaube daran, es wird einen Sinn für dich haben. Wir alle tragen sensitive und mediale Gaben in uns, vielleicht möchte sich auch dir die eine oder andere Gabe in deinem Leben zeigen und für dich bemerkbar machen.

Vielleicht möchte deine Seele erwachen, sich bewusst werden und von anerzogenen, unbewussten Dogmen, Verhaltensweisen, Systemen, sowie hinderliche Programmierungen deines Unterbewusstseins befreien? Vielleicht möchtest du etwas über meine mediale Arbeit aus der geistig-jenseitigen Welt erfahren? Oder dich interessiert einfach mein Lebensweg, den ich bis jetzt gegangen bin. Ich erzähle dir viel von mir, jedoch nicht alles. All das, was ich in diesem Buch geschrieben habe, ist ehrlich und hat genauso in meinem Leben stattgefunden. Mögest du ebenso erkennen, dass auch dein eigener Lebensweg unvergleichlich und einzigartig ist, so wie du selbst. Vielleicht helfen dir dazu kleine Meditationen und Übungen, die du in meinem Buch findest. So hast auch du dein Buch des Lebens immer bei dir. Erfülle es täglich mit dem Licht deiner Seele, folge deinem Herzen, erfülle die noch leer geschriebenen Seiten mit Freude und Abenteuer.

Lebe, sei glücklich auf deinem Weg hier auf Erden, denn in Wirklichkeit bist du, so wie wir alle, auf einer spannenden Reise durch die Unendlichkeit. Erinnere dich! Horche in dich hinein, folge deiner im Herzen angelegten Berufung. Vertraue deinen Gaben, deinem Potenzial, egal welchem Berufsbild entsprechend. Wir alle sind ein mediales, feinstoffliches und energetisches Wesen, das in einem Erdenkörper innewohnt. Reichen wir uns doch gemeinsam die Hände. Von Hand zu Hand, von Herz zu Herz und vom Lichte einer Seele zur nächsten lichtvollen Seele.

**Jetzt ist die Zeit, wo viele Menschen spirituell erwachen –
Gott schütze dich und deinen Lebensweg!**

Printed by Books on Demand GmbH, Norderstedt / Germany